चर्चित एवं लोकप्रिय कहानियाँ,
"खलील जिब्रान"

चर्चित एवं लोकप्रिय कहानियाँ, "खलील जिब्रान"

खलील जिब्रान

प्रशान्त बुक डिस्ट्रीब्यूटर
दिल्ली-110002

खलील जिब्रान

प्रकाशक	:	**प्रशान्त बुक डिस्ट्रीब्यूटर** रूम नं. 213, 7/28, महावीर स्ट्रीट, अंसारी रोड, दरियागंज, नई दिल्ली-110002
Email Id	:	prashantpbd@yahoo.co.in
दूरभाष	:	011-43586184 मो. 9811734184
प्रथम संस्करण	:	2024
ISBN	:	978-93-83963-42-3

अनुक्रम

1

परिचय

खलील जिब्रान (6 जनवरी, 1883-10 जनवरी, 1931) एक लेबनानी-अमेरिकी कलाकार, कवि तथा न्यूयॉर्क पेन लीग के लेखक थे। उन्हें अपने चिंतन के कारण समकालीन पादरियों और अधिकारी वर्ग का कोपभाजन होना पड़ा और जाति से बहिष्कृत करके देश निकाला तक दे दिया गया था। आधुनिक अरबी साहित्य में जिब्रान खलील जिब्रान के नाम से प्रसिद्ध हैं, किंतु अंग्रेजी में वह अपना नाम खलील ज्रान लिखते थे और इसी नाम से वे अधिक प्रसिद्ध भी हुए।

खलील जिब्रान 6 जनवरी 1883 को लेबनान के बथरी नगर में एक संपन्न परिवार में पैदा हुए। 12 वर्ष की आयु में ही माता-पिता के साथ बेल्जियम, फ्रांस, अमेरिका आदि देशों में भ्रमण करते हुए 1912 में अमेरिका के न्यूयॉर्क में स्थायी रूप से रहने लगे थे।

बोस्टन नगर में उन्होंने बालकों के एक पब्लिक स्कूल में ढ़ाई वर्ष तक शिक्षा प्राप्त की। तदुपरांत एक रात्रि के स्कूल में वर्ष भर पढ़ते रहे। फिर वह लेबनान में मदरस्तुल हिकमत नामक एक उच्च कोटि के विद्यालय में शिक्षा प्राप्त करने के लिये चले गए। वहाँ शिक्षा प्राप्त करके वह सीरिया तथा लेबनान में ऐतिहासिक स्थानों की सैर करते हुए 1902

ई. में लेबनान से वापस चले गए। वह अपने परिवारवालों से बड़ा प्रेम करते थे। इसी कारण 1902 ई. में अपनी बहिन, 1903 ई. में अपने भाई तथा तीन मास उपरांत ही अपनी माँ के स्वर्गवास से उन्हें बड़ा शोक हुआ। इन पारिवारिक दुःखों की अनुभूति तथा अपने मितभाषी स्वभाव के कारण वे अपने विचारों के जगत् में ही विचरण करते रहते थे। चित्रकला से उन्हें बड़ी रुचि थी। जब बच्चे उन्हें बातों में लगाना चाहते, वे ऐसी अद्भुत बातें छेड़ देते कि वे यह समझने पर विवश हो जाते कि कोई बड़ा ही विचित्र बालक है। 1908 ई. में उनहोंने पेरिस की फाइन आर्टस् एकेडमी में मूर्तिकला की शिक्षा प्राप्त की। पेरिस से लौटकर वे न्यूयार्क में निवास करने लगे किंतु वे हर वर्ष अपने परिवारवालों के पास कुछ समय व्यतीत करने के लिये बोस्टन जाया करते थे। वहीं वे शांतिपूर्वक चित्रकला में अपना समय व्यतीत करते।

उनके जीवन की कठिनाइयों की छाप उनकी कृतियों में भी वर्तमान है जिनमें उन्होंने प्रायः अपने प्राकृतिक एवं सामाजिक वातावरण का चित्रण किया है। आधुनिक अरबी साहित्य में उन्हें प्रेम का संदेशवाहक माना जाता है। अंग्रेजी में अनूदित उनकी कृतियाँ बड़ी प्रसिद्ध हो चुकी है।

सुभाषित

वे अपने विचार जो उच्च कोटि के सुभाषित या कहावत रूप में होते थे, उन्हें कागज के टुकड़ों, थिएटर के कार्यक्रम के कागजों, सिगरेट की डिब्बियों के गत्तों तथा फटे हुए लिफाफों पर लिखकर रख देते थे। उनकी सेक्रेटरी श्रीमती बारबरा यंग को उन्हें इकट्ठी कर प्रकाशित करवाने का श्रेय जाता है। उन्हें हर बात या कुछ कहने के पूर्व एक या दो वाक्य सूत्र रूप में सूक्ति कहने की आदत थी।

उनमें अद्भुत कल्पना-शक्ति थी। वे अपने विचारों के कारण कविवर रवीन्द्रनाथ टैगोर के समकक्ष ही स्थापित होते थे। उनकी रचनाएं 22 से अधिक भाषाओं में देश-विदेश में तथा हिन्दी, गुजराती, मराठी, उर्दू में अनुवादित हो चुकी हैं। इनमें उर्दू तथा मराठी में सबसे अधिक अनुवाद

प्राप्त होते हैं। उनके चित्रों की प्रदर्शनी भी कई देशों में लगाई गई, जिसकी सभी ने मुक्तकंठ से प्रशंसा की। वे ईसा के अनुयायी होकर भी पादरियों और अंधविश्वास के कट्टर विरोधी रहे। देश से निष्कासन के बाद भी अपनी देशभक्ति के कारण अपने देश हेतु सतत् लिखते रहे। 48 वर्ष की आयु में कार दुर्घटना में गंभीर रूप से घायल होकर 10 अप्रैल 1931 को उनका न्यूयॉर्क में ही देहांत हो गया। उनके निधन के बाद हजारों लोग उनके अंतिम दर्शनों को आते रहे। बाद में उन्हें अपनी जन्मभूमि के गिरजाघर में दफनाया गया।

वे अपने विचार जो उच्च कोटि के सुभाषित या कहावत रूप में होते थे, उन्हें कागज के टुकड़ों, थिएटर के कार्यक्रम के कागजों, सिगरेट की डिब्बियों के गत्तों तथा फटे हुए लिफाफों पर लिखकर रख देते थे। उनकी सेक्रेटरी श्रीमती बारबरा यंग को उन्हें इकट्ठी कर प्रकाशित करवाने का श्रेय जाता है। उन्हें हर बात या कुछ कहने के पूर्व एक या दो वाक्य सूत्र रूप में सूक्ति कहने की आदत थी।

सूक्तियाँ

वे कहते थे जिन विचारों को मैंने सूक्तियों में बंद किया है, मुझे अपने कार्यों से उनको स्वतंत्र करना है। 1926 में उनकी पुस्तक जिसे वे कहावतों की पुस्तिका कहते थे, प्रकाशित हुई थी। इन कहावतों में गहराई, विशालता और समयहीनता जैसी बातों पर गंभीर चिंतन मौजूद है। उनकी कुछ श्रेष्ठतम सूक्तियां पाठकों के लिए प्रस्तुत हैं–

सत्य को जानना चाहिए पर उसको कहना कभी-कभी चाहिए।

दानशीलता यह नहीं है कि तुम मुझे वह वस्तु दे दो, जिसकी मुझे आवश्यकता तुमसे अधिक है, बल्कि यह है कि तुम मुझे वह वस्तु दो, जिसकी आवश्यकता तुम्हें मुझसे अधिक है।

कुछ सुखों की इच्छा ही मेरे दुःखों का अंश है।

यदि तुम अपने अंदर कुछ लिखने की प्रेरणा का अनुभव करो तो तुम्हारे भीतर ये बातें होनी चाहिए- 1. ज्ञान कला का जादू, 2. शब्दों के संगीत का ज्ञान और 3. श्रोताओं को मोह लेने का जादू।

यदि तुम्हारे हाथ रुपए से भरे हुए हैं तो फिर वे परमात्मा की वंदना के लिए कैसे उठ सकते हैं।

बहुत-सी स्त्रियाँ पुरुषों के मन को मोह लेती हैं। परंतु बिरली ही स्त्रियाँ हैं जो अपने वश में रख सकती हैं।

जो पुरुष स्त्रियों के छोटे-छोटे अपराधों को क्षमा नहीं करते, वे उनके महान गुणों का सुख नहीं भोग सकते।

मित्रता सदा एक मधुर उत्तरदायित्व है, न कि स्वार्थपूर्ति का अवसर।

मंदिर के द्वार पर हम सभी भिखारी ही हैं।

यदि अतिथि नहीं होते तो सब घर कब्र बन जाते।

यदि तुम्हारे हृदय में ईर्ष्या, घृणा का ज्वालामुखी धधक रहा है, तो तुम अपने हाथों में फूलों के खिलने की आशा कैसे कर सकते हो?

यथार्थ में अच्छा वही है जो उन सब लोगों से मिलकर रहता है जो बुरे समझे जाते हैं।

इससे बड़ा और क्या अपराध हो सकता है कि दूसरों के अपराधों को जानते रहें।

यथार्थ महापुरुष वह आदमी है जो न दूसरे को अपने अधीन रखता है और न स्वयं दूसरों के अधीन होता है।

अतिशयोक्ति एक ऐसी यथार्थता है जो अपने आपे से बाहर हो गई है।

दानशीलता यह है कि अपनी सामर्थ्य से अधिक दो और स्वाभिमान यह है कि अपनी आवश्यकता से कम लो।

संसार में केवल दो तत्व हैं–एक सौंदर्य और दूसरा सत्य। सौंदर्य प्रेम करने वालों के हृदय में है और सत्य किसान की भुजाओं में।

इच्छा आधा जीवन है और उदासीनता आधी मौत।

निःसंदेह नमक में एक विलक्षण पवित्रता है, इसीलिए वह हमारे आँसुओं में भी है और समुद्र में भी।

यदि तुम जाति, देश और व्यक्तिगत पक्षपातों से जरा ऊँचे उठ जाओ तो निःसंदेह तुम देवता के समान बन जाओगे।

मुख्य कृतियाँ

द निम्फ्स ऑव द वैली, स्प्रिट्स रिबेलिअस, ब्रोकन विंग्स, अ टीअर एंड अ स्माइल, द प्रोसेशन्स, द टेम्पेस्ट्स, द स्टॉर्म, द मैडमैन, ट्वेंटी ड्रॉइंग्स, द फोररनर, द प्रोफेट, सैंड एंड फोम, किंगडम ऑफ द इमेजिनेशन, जीसस-द सन ऑव मैन, द अर्थ, गॉड्स, द वाण्डरर, द गार्डन ऑव द प्रोफेट, लजारस एंड हिज बिलवेड

लोककथाएँ

अक्षत अस्तित्व
अगुआ
अटल सत्य
अंततोगत्वा
अंतरिक्ष
अदला-बदली
अन्तर
अन्तर
अन्तर्दृष्टा
अन्धेर नगरी
अपनी-अपनी गति
अपराधी
अफसोस
अलमस्त
असल संबंध
असहमति
अह ब्रह्मास्मि
अह-विखण्डन
आकांक्षा
आजादी
आदत अपनी-अपनी

मायाजाल
मौन-आचार
मौसम-मुर्ग
यथार्थवादी
युद्ध और छोटे देश
युद्ध और शांति
रचना
रेत पर इबारत
रहस्य
राजदण्ड
लेडी रूथ
लेन-देन
लोक और काव्य
लोग
लोमड़ी
वज्रपात
व्यवसाय-बुद्धि
वसंत
वसंत बीतने से पहले
विद्वान और कवि
विधवा की लोरी
विधि-विशेषज्ञ
शाश्वत सत्य
स्त्री-दर्शन
सतह और तलहटी
संदेश
सपने
स्पर्श
सफाईपसंद

2

अगुआ

आप स्वयं अपनी अगुआई करने वाले हैं। मीनारें, जो आपने खड़ी की हैं, वे आपके विशाल व्यक्तित्व की नींव हैं और वह व्यक्तित्व भी नींव ही है।

मैं स्वयं भी अपना अगुआ आप हूँ। सूर्योदय के समय लम्बा पड़ता मेरा साया दोपहर होने तक मेरे कदमों में आ सिमटता है। फिर दूसरा सूर्योदय दूसरा साया मेरे सामने बिछा देगा और दोपहर होने पर वह भी मेरे कदमों में आ सिमटेगा।

हमेशा ही हम स्वयं अपने अगुआ होते हैं। हमें वैसा ही हमेशा होना भी चाहिए। वह ताकत जो हमने सँजोई है और वह जो आगे हमें सँजोनी है, अभी तक भी जुत न सके खेतों में डाले गए बीज बननी चाहिए। खेत, किसान, ताकत और ताकत को सँजोने वाला-सब-कुछ हम ही हैं।

घने कोहरे में जब तुम आकांक्षा बनकर घूम रहे थे, मैं भी वहाँ घूम रहा था। तब हमने एक-दूसरे को जाना और अपने उत्कंठित स्वप्नों से बाहर आए थे। हमारे सपने समय की सीमा से परे थे। वे अपार जगह में फैले थे। और उस समय जब कुछ बोलने को कँपकँपाते जीवन के होंठों पर एक शब्द की तरह ठहरे थे, एक अन्य शब्द के रूप में मैं भी वहाँ

था। तब जीवन ने हमें प्रकाशित किया। हम बीते कल की यादों में उतर गए। हम आने वाले कल को गुनगुनाने लगे। बीता कल मृत्यु से हमारी पराजय का था और आने वाला कल जीवन की महक का।

और अब, हम ईश्वर के हाथों में हैं। उसके दाएँ हाथ में तुम सूरज हो और बाएँ हाथ में मैं धरती। लेकिन तुम्हारी चमक उतनी नहीं है जितनी मेरी।

और हम-सूरज और धरती-व्यापक सूरज और धरती बनने की शुरुआत भर हैं और हमेशा शुरुआत ही बने रहेंगे।

आप स्वयं अपने अगुआ है। आप मेरे प्रफुल्लित हृदयरूपी बाग के द्वार से गुजरते अजनबी हैं।

और मैं भी अपना स्वयं का अगुआ हूँ। लेकिन मैं अपने वृक्षों के साए में बैठा हूँ और स्थिर हूँ।

3

अंततोगत्वा

एक अमीर था। अपने भंडार और उसमें रखी पुरानी शराब पर उसे बड़ा घमंड था। उसके पास पुरातन किस्म का एक सागर(शराब सुरक्षित रखने व कप में डालने वाला ढक्कनदार बर्तन) भी था जिसे खास मौकों पर वह अपने लिए इस्तेमाल करता था।

एक बार राज्य का गवर्नर उससे मिलने आया। अमीर ने उसके बारे में अनुमान लगाया और तय किया, इस दो कौड़ी के गवर्नर के सामने सागर को निकलने की जरूरत नहीं है।

फिर एक रोमन कैथोलिक बिशप उससे मिलने आया। तब उसने अपने-आप से कहा, नहीं, मैं सागर को नहीं निकालूँगा। यह न तो उसका ही महत्व समझ पाएगा। और न ही उसमें रखी शराब की गंध की कीमत को इसके नथुने जान पाएँगे। राज्य का राजा आया और उसने उसके साथ शराब पी। लेकिन अमीर ने सोचा, मेरे भंडार की शराब इस तुच्छ राजा से कहीं ज्यादा रुतबे वाली है।

यहाँ तक कि उस दिन, जब उसके भतीजे की शादी थी, उसने अपने-आप से कहा, नहीं, इन मेहमानों के सामने उस सागर को नहीं लाया जा सकता।

साल बीतते गए और वह मर गया। उसे और एक बूढ़े को वैसे ही एक साथ दफनाया गया जैसे बरगद का बीज और किसी छोटे पौधे का बीज साथ-साथ जमीन में दफन होते हैं।

और उस दिन, जब उसे दफनाया गया था, रिवाज के मुताबिक सभी सागरों को बाहर निकाला गया। तब वह पुराना सागर भी दूसरे सागरों के साथ रख दिया गया। उसकी शराब को भी गरीब पड़ोसियों में बाँट दिया गया। किसी को भी उसके बेशकीमती होने का पता न चला।

उनके लिए, कप में डाली जाने वाली शराब सिर्फ शराब थी।

4

अदला-बदली

एक गरीब कवि की एक बार शहर के एक चौराहे पर एक धनी मूर्ख से मुलाकात हो गई। उन्होंने बहुत-सी बातें कीं लेकिन सबकी सब बेमतलब।

तभी उस सड़क का फरिश्ता उधर से गुजरा। उसने उन दोनों के कन्धों पर अपने हाथ रखे। एक चमत्कार हुआ-दोनों के विचार आपस में बदल गए।

इसके बाद वे अपने-अपने रास्ते चले गए।

चमत्कार हुआ।

कवि ने रेत देखी। उसे मुठ्ठी में उठाया और धार बनकर उसमें से उसे रिसते देखता रहा।

और मूर्ख! अपनी आँखें बन्दकर बैठ गयाय लेकिन अनुभव कुछ न कर सका हृदय में घुमड़ते बादलों के सिवा।

5

अन्तर्दृष्टा

मैंने और मेरे दोस्त ने देखा कि मन्दिर के साए में एक अन्धा अकेला बैठा था। मेरा दोस्त बोला, देश के सबसे बुद्धिमान आदमी से मिलो।

मैंने दोस्त को छोड़ा और अन्धे के पास जाकर उसका अभिवादन किया। फिर बातचीत शुरू हुई।

कुछ देर बाद मैंने कहा, मेरे पूछने का बुरा न मानना, आप अन्धे कब हुए?

जन्म से अन्धा हूँ। उसने कहा।

और आप विशेषज्ञ किस विषय के है? मैंने पूछा।

खगोलविद हूँ। उसने कहा।

फिर अपना हाथ अपनी छाती पर रखकर उसने कहा, ये सारे सूर्य, चन्द्र और तारे मुझे दिखाई देते हैं।

6

अन्धेर नगरी

राजमहल में एक रात भोज दिया गया।

एक आदमी वहाँ आया और राजा के आगे दण्डवत लेट गया। सब लोग उसे देखने लगे। उन्होंने पाया कि उसकी एक आँख निकली हुई थी और खखोड़ से खून बह रहा था।

राजा ने उससे पूछा, तुम्हारा यह हाल कैसे हुआ?

आदमी ने कहा, महाराज! पेशे से मैं एक चोर हूँ। अमावस्या होने की वजह से आज रात मैं धनी को लूटने उसकी दुकान पर गया। खिड़की के रास्ते अन्दर जाते हुए मुझसे गलती हो गई और मैं जुलाहे की दुकान में घुस गया। अँधेरे में मैं उसके करघे से टकरा गया और मेरी आँख बाहर आ गई। अब, हे महाराज! उस जुलाहे से मुझे न्याय दिलवाइए।

राजा ने जुलाहे को बुलवाया। वह आया। निर्णय सुनाया गया कि उसकी एक आँख निकाल ली जाय।

हे महाराज! जुलाहे ने कहा, आपने उचित न्याय सुनाया है। वाकई मेरी एक आँख निकाल ली जानी चाहिए। मुझे दुःख के साथ कहना पड़ रहा है कि कपड़ा बुनते हुए दोनों ओर देखना पड़ता है इसलिए मुझे दोनों

ही आँखों की जरूरत है। लेकिन मेरे पड़ोस में एक मोची रहता है, उसके भी दो ही आँखें हैं। उसके पेशे में दो आँखों की जरूरत नहीं पड़ती है।"

राजा ने तब मोची को बुलवा लिया। वह आया। उन्होंने उसकी एक आँख निकाल ली।

न्याय सम्पन्न हुआ।

7

अपराधी

शरीर से मजबूत एक नौजवान को भूख ने कमजोर कर डाला। सड़क किनारे के फुटपाथ पर बैठा वह हर आने-जाने वाले के आगे हाथ फैला रहा था। वह सभी के सामने अपनी भुखमरी और बर्बादी का गीत गा रहा था।

रात हुई। उसका गला सूख गया। जुबान ऐंठ गई। लेकिन आगे पसरे हुए उसके हाथ उसके पेट की तरह अभी भी खाली थे।

वह किसी तरह उठा और शहर से बाहर चला गया। वहाँ एक पेड़ के नीचे बैठकर वह दहाड़ें मारकर रो पड़ा। भूख उसकी आँतों को चबा रही थी। उसने अपनी सूजी हुई आँखें आसमान की ओर उठाईं और बोला-हे ईश्वर! मैंने अमीरों के पास जाकर काम माँगा। लेकिन मेरी बदहाली को देखकर उन्होंने मुझे बाहर धकेल दिया। मैंने स्कूलों के दरवाजे खटखटाए, लेकिन खाली हाथ देखकर उन्होंने भी मुझसे माफी माँग ली। पेट भरने के लिए मैंने अपना व्यवसाय शुरू किया, लेकिन कुछ नहीं कमा पाया। हताश होकर मैं अनाथालय जा पहुँचा। लेकिन मुझे देखते ही तेरे पुजारी बोले, यह मोटा कामचोर है। इसे भीख मत देना।

"हे ईश्वर! तेरी ही इच्छा से माँ ने मुझे जन्म दिया और तेरी ही इच्छा से यह धरती खत्म होने से पहले मुझे तुझे सौंप देना चाहती है।"

एकाएक वह चुप हो गया। वह उठा। उसकी आँखें दृढ़ निश्चय से दमक उठीं। एक पेड़ से उसने एक मोटी शाख तोड़ी और शहर की ओर चल पड़ा। वह चीखा-मैंने अपनी पूरी ताकत से रोटी माँगी लेकिन दुत्कार दिया गया। अब मैं इसे अपने बाजुओं की ताकत से छीनूँगा। मैंने दया और प्रेम के नाम पर रोटी माँगी, लेकिन मानवता ने सिर नहीं उठाया। अब मैं से जबरन छीनूँगा।

आने वाले वर्षों ने उस नौजवान को लुटेरा और हत्यारा बना दिया। उसकी आत्मा मर गई। जो भी सामने आया, उसने क्रूरतापूर्वक उसे कुचल दिया। उसने अकूत संपत्ति इकट्ठी की और अपने समय के धन्ना-सेठों पर राज करने लगा। उसके साथी उसकी प्रशंसा करते न थकते। चोर उससे ईर्ष्या करते और लोग उसे देखकर डरते।

उसकी संपत्ति और झूठी शान से प्रभावित हो राज्य के अमीर ने उसे शहर का डिप्टी बना दिया। यह एक मूर्ख शासक का बेहूदा कदम था। उसके बाद तो चोरियों को वैधानिक मान्यता मिल गई। प्रशासक लोग जनता की गुलामी का समर्थन करने लगे। कमजोरों पर जुल्म करना आम बात हो गई। जनता जिनसे पिसती थी, उन्हीं का गुणगान करने को मजबूर थी।

मनुष्यों की स्वार्थपरता का पहला ही स्पर्श इस तरह सीधे-सादे इंसान को अपराधी बना डालता है। उसे शान्ति के पुजारियों का हत्यारा बना देता है। बड़ा बनने के छोटे-छोटे स्वार्थपरक लालच पनप जाते हैं और हजार गुनी ताकत से मानवता की पीठ पर वार करते हैं।

8

अलमस्त

रेगिस्तान से एक गरीब आदमी एक बार शेरिया नगर में आया। वह स्वप्नद्रष्टा था। उसके तन पर पूरे कपड़े नहीं थे और हाथ में सिर्फ एक लाठी थामे था।

शेरिया नगर असीम सुन्दर था। वह जिस गली से भी गुजरता-मन्दिरों, मीनारों और महलों को आँखें फाड़कर देखता रह जाता। बगल से गुजरने वालों से वह अक्सर कुछ बोलता, शहर के बारे में उनसे सवाल करता-लेकिन वे उसकी भाषा नहीं समझते थे और न वह ही उनकी भाषा समझता था।

दोपहर के समय वह पीले संगमरमर की बनी एक विशाल सराय के सामने जा खड़ा हुआ। लोग बेरोक-टोक उसमें जा-आ रहे थे।

"यह कोई तीर्थस्थल होना चाहिए। उसने सोचा और अन्दर दाखिल हो गया। जब वह हॉल में पहुँचा तो उसके आश्चर्य की सीमा न रही। उसने बहुत-से स्त्री-पुरुषों को एक मेज के चारों ओर बैठे देखा। वे खा-पी रहे थे और संगीत सुन रहे थे।

नहीं, गरीब आदमी ने मन में कहा, यह कोई पूजास्थल नहीं है। यह तो खुशी के मौके पर राजा की ओर से जनता को दिया जाने वाला भोज है।

उसी समय एक आदमी, जिसे उसने राजा का गुलाम समझा था, उसके पास आया। उसने उससे बैठ जाने का अनुरोध किया। बैठ जाने पर माँस, शराब और कीमती मिठाइयाँ उसके सामने रख दी गईं।

खा-पीकर वह गरीब जाने के लिए उठ खड़ा हुआ। दरवाजे पर उसे शानदार तरीके से सजे-धजे एक कद्दावर आदमी द्वारा रोक लिया गया।

निश्चय ही यह राजकुमार है। उसने अपने-आप से कहा। इसलिए उसने झुककर उसका अभिवादन किया और मेहमाननवाजी का शुक्रिया अदा किया।

तब कद्दावर आदमी ने अपने शहर की भाषा में उससे कहा, सर, आपने अपने खाने का भुगतान नहीं किया।

गरीब आदमी की समझ में कुछ न आ सका और उसने पुनः उसे धन्यवाद दिया। तब कद्दावर कुछ सोचने लगा। उसने ध्यान से उसको देखा और पाया कि यह तो अजनबी है! उसके कपड़े गंदे हैं और निश्चय ही उसके पास खाने का भुगतान करने को कुछ नहीं होगा। उसने ताली बजाकर किसी को पुकारा। शहर के चार पहरेदार वहाँ चले आए। उन्होंने कद्दावर की बात सुनी। फिर दो आदमियों ने आगे और दो ने पीछे खड़े होकर गरीब को घेर लिया। उनकी बेहतरीन पोशाक और शिष्टाचार के मद्देनजर गरीब ने उन्हें सभ्य समझा और मुस्कराकर उनकी ओर देखा।

ये, वह खुद से बोला, महाराज के आदमी हैं।

न्यायालय में पहुँचने तक वे सब साथ-साथ चलते रहे।

वहाँ गरीब ने लहराती दाढ़ी वाले एक सौम्य पुरुष को सिंहासन पर बैठे देखा। उसने सोचा कि यह महाराज हैं। खुद को उनके सामने पेश किये जाने पर वह आत्माभिमान और आनन्द से भर उठा।

फिर, न्यायाधीश, जो कि वह सौम्य पुरुष था, से सम्बन्धित दरबान ने गरीब पर आरोप सुनाया। न्यायाधीश ने दो अधिवक्ता नियुक्त किए-एक आरोप पुष्ट करने के लिए और दूसरा अजनबी के बचाव के लिए। अधिवक्ता उठे। एक के बाद एक, दोनों ने तर्क-वितर्क किया। गरीब इस सबको अपने आगमन के स्वागत की कार्यवाही समझता रहा।

उसका हृदय महाराज और राजकुमार, जिन्होंने उसके लिए इतना सब किया, के प्रति आभार से भर उठा।

फिर उस गरीब के खिलाफ निर्णय सुना दिया गया। यह कि एक तख्ती पर उसका अपराध लिखकर उसके गले में लटका दी जाय। उसे एक घोड़े की नंगी पीठ पर बैठाकर पूरे शहर में घुमाया जाय। एक तुरही वाला और एक ढोल वाला उसके आगे-आगे चलें।

निर्णय का पालन किया गया।

गरीब को घोड़े की नंगी पीठ पर बैठाया गया। तुरही वाला और ढोल वाला उसके आगे-आगे चले। उनकी आवाज सुनकर शहर के लोग उनकी ओर भागे। वे उसे देखते और हँसते। बच्चे तो झुंड-के-झुंड इस गली से उस गली तक उसके पीछे-पीछे घूमते रहे। गरीब का हृदय आनन्दातिरेक से भर उठा। उसकी आँखों में उनके लिए चमक उमड़ आई। वह समझता रहा कि स्लेट पर लिखी इबारत महाराज द्वारा लिखी गयी प्रशस्ति है तथा यह जलसा उसके सम्मान में चल रहा है।

चलते-चलते उसे एक आदमी दिखाई दिया जो उसी के समान रेगिस्तान का निवासी था। उसका हृदय खुशी से भर उठा। वह जोर से चीखकर उसे पुकार उठा

दोस्त! दोस्त!! हम कहाँ हैं? हमारी तमन्नाओं का यह कैसा शहर है? मेजबानी का कितना सुन्दर तरीका है कि यहाँ के लोग मेहमानों को अपने घरों में खाने पर बुलाते हैं। स्वयं राजकुमार स्वागत करता है। राजा प्रशस्ति गले में लटकाता है और सारे शहर में उसे ऐसे घुमाया जाता है जैसे वह स्वर्ग से उतरकर आया हो।

रेगिस्तान के दूसरे निवासी ने कोई उत्तर नहीं दिया। उसने केवल मुस्कराकर अपना सिर हिला दिया।

तुरही वाला, ढोल वाला और नाचते-गाते बच्चे आगे बढ़ते गए।

गरीब स्वप्नद्रष्टा की गरदन तनी हुई थी। उसकी आँखों की चमक देखने लायक थी।

9

अहं-विखण्डन

बाइब्लस का राजा नफ्सीबाल राज्याभिषेक के बाद अपने शयनकक्ष में जा पहुँचा। उस कक्ष को तीन सिद्ध पहाड़ी तांत्रिकों ने खास उसके लिए बनाया था। उसने अपना ताज और शाही पोशाक उतार दी। कमरे के बीचो-बीच खड़ा हो वह अपने यानी बाइब्लस के सर्वाधिक ताकतवर इन्सान के बारे में सोचने लगा।

अचानक वह पलटा। अपनी माँ द्वारा दिए चाँदी के दर्पण से उसने एक नंगे आदमी को बाहर आते देखा।

राजा चकित रह गया। वह उस व्यक्ति पर चिल्लाया, कौन हो तुम?

नंगा आदमी बोला, सवाल मत करो। यह बताओ कि उन्होंने तुम्हे राजा क्यों चुना?

इसलिए कि देश में मैं ही आदर्श पुरुष हूँ। राजा ने कहा।

नंगा आदमी इस पर बोला, अगर तुम आदर्श पुरुष होते तो राजा न बनते।

राजा ने कहा, मुझे राजा बनाया गया क्योंकि मैं देश का सबसे ताकतवर इन्सान हूँ।

नंगे आदमी ने कहा, अगर तुम इतने ताकतवर होते तो राजा न बनते।

राजा बोला, मैं सबसे अधिक बुद्धिमान हूँ, इसलिए उन्होंने मुझे राजा चुना।

नंगे ने कहा, अगर तुम बुद्धिमान होते तो राजा बनने को बिल्कुल तैयार न होते।

इस पर राजा फर्श पर गिर पड़ा और फूट-फूट कर रो पड़ा।

नंगे आदमी ने उसे देखा। फिर उसने ताज को उठाया और आराम से राजा के झुके सिर पर रख दिया।

ऐसा करके नंगा आदमी प्यार भरी दृष्टि से राजा को निहारता हुआ दर्पण में चला गया।

राजा चौंक उठा। वह अपलक दर्पण में निहारता रहा। उसमें कोई और नहीं, अकेला वही ताज पहने खड़ा था।

10

आदमी की परतें

रात के ठीक बारह बजे, जब मैं अर्द्धनिद्रा में लेटा हुआ था, मेरे सात व्यक्तित्व एक जगह आ बैठे और आपस में बतियाने लगे

पहला बोला-इस पागल आदमी में रहते हुए इन वर्षों में मैंने इसके दिन दुःखभरे और रातें विषादभरी बनाने में कोई कसर बाकी नहीं छोड़ी। मैं यह सब और ज्यादा नहीं कर सकता। अब मैं इसे छोड़ रहा हूँ।

दूसरे ने कहा-तुम्हारा भाग्य मेरे से कहीं अच्छा है मेरे भाई! मुझे इस पागल की आनन्द-अनुभूति बनाया गया है। मैं इसकी हँसी में हँसता और खुशी में गाता हूँ। इसके गजब चिंतन में मैं बल्लियों जैसा उछलता-नाचता हूँ। इस ऊब से मैं अब बाहर निकलना चाहता हूँ।

तीसरा बोला-और मुझ प्रेम से लबालब व्यक्तित्व के बारे में क्या खयाल है? घनीभूत उत्तेजनाओं और उच्च-आकांक्षाओं का लपलपाता रूप हूँ मैं। मैं इस पागल के साथ अब-और नहीं रह सकता।

चौथा बोला-तुम सब से ज्यादा मजबूर मैं हूँ। घृणा और विध्वंस जबरन मुझे सौंपे गए हैं। मेरा तो जैसे जन्म ही नरक की अँधेरी गुफाओं में हुआ है। मैं इस काम के खिलाफ जरूर बोलूँगा।

पाँचवें ने कहा-मैं चिंतक व्यक्तित्व हूँ। चमक-दमक, भूख और प्यास वाला व्यक्तित्व। अनजानी चीजों और उन चीजों की खोज में जिनका अभी कोई अस्तित्व ही नहीं है, दर-दर भटकने वाला व्यक्तित्व। तुम क्या खाकर करोगे, विद्रोह तो मैं करूँगा।

छठे ने कहा-और मैं-श्रमशील व्यक्तित्व। दूरदर्शिता से मैं धैर्यपूर्वक समय को सँवारता हूँ। मैं अस्तित्वहीन वस्तुओं को नया और अमर रूप प्रदान करता हूँ, उन्हें पहचान देता हूँ। हमेशा बेचैन रहने वाले इस पागल से मुझे विद्रोह करना ही होगा।

सातवाँ बोला-कितने अचरज की बात है कि तुम सब इस आदमी के खिलाफ विद्रोह की बात कर रहे हो। तुममें से हर-एक का काम तय है। आह! काश मैं भी तुम जैसा होता जिसका काम निर्धारित है। मेरे पास कोई काम नहीं है। मैं कुछ-भी न करने वाला व्यक्तित्व हूँ। जब तुम सब अपने-अपने काम में लगे होते हो, मैं कुछ-भी न करता हुआ पता नहीं कहाँ रहता हूँ। अब बताओ, विद्रोह किसे करना चाहिए?

सातवें व्यक्तित्व से ऐसा सुनकर वे छहों व्यक्तित्व बेचारगी से उसे देखने लगे और कुछ भी न बोल पाए। रात के गहराने के साथ ही वे एक-एक करके नए सिरे से काम करने की सोचते हुए खुशी-खुशी सोने को चले गए।

लेकिन सातवाँ व्यक्तित्व खालीपन, जो हर वस्तु के पीछे है, को ताकता-निहारता वहीं खड़ा रह गया।

11

आनन्द और पीड़ा

मई माह में एक दिन आनन्द और पीड़ा एक झील के किनारे मिले। उन्होंने एक-दूसरे का अभिवादन किया और ठहरे हुए जल के किनारे बैठकर बातें करने लगे।

आनन्द ने धरती पर स्थित सुन्दरता के बारे में बात शुरू की। उसने वनों और पहाड़ों में रोजमर्रा होने वाली अद्भुत घटनाओं की चर्चा की। ज्वार-भाटे से उत्पन्न होते गीत-संगीत की बात की।

पीड़ा भी बोली। उसने आनन्द की सभी बातों से सहमति जताई। क्काल के जादू और उसकी सुन्दरता की बात की। खेतों और पहाड़ों की मई के दौरान हालत पर बात करते हुए उसने हताशा महसूस की।

दोनों देर तक बातें करते रहे। दोनों जो कुछ भी जानते थे, उससे सहमत थे।

तभी, झील के उस पार दो शिकारी वहाँ से गुजरे। जैसे ही उन्होंने इस पार निगाह दौड़ाई, उनमें से एक बोला, बड़े ताज्जुब की बात है, उस पार कौन दो लोग बैठे है?

तुम दो कह रहे हो? मुझे तो केवल एक ही नजर आ रहा है!

लेकिन वहाँ दो ही हैं। पहले शिकारी ने कहा।

मैं साफ देख रहा हूँ। वहाँ एक ही है। दूसरे ने कहा, झील में परछाई भी एक ही है।

नहीं। दो हैं। पहला बोला और ठहरे हुए पानी में परछाइयाँ भी दो लोगों की ही हैं।

लेकिन दूसरे ने पुनः कहा, मुझे तो एक ही दीख रहा है।

मैं तो साफ-साफ दो देख रहा हूँ। पहले ने पुनः कहा।

और आज तक भी, एक शिकारी कहता है कि उसको दो दिखाई देते हैं। जबकि दूसरा कहता है, मेरा दोस्त थोड़ा अन्धा हो चला है।

12

आलोचक

एक शाम, समुद्र की ओर जाता, घोड़े पर सवार एक आदमी सड़क किनारे की एक सराय में पहुँचा। वह उतरा। सागर की ओर जाने वाले दूसरे सवारों की तरह वह आत्मविश्वास से भरा था। घोड़े को उसने दरवाजे पर बाँधा और सराय के अन्दर दाखिल हो गया।

आधी रात को, जब सब सो रहे थे, एक चोर उसका घोड़ा चुरा ले गया।

सुबह आदमी जागा। पता चला कि उसका घोड़ा चोरी हो गया है। घोड़े को याद कर वह दुःखी हो गया। उसे अफसोस हुआ कि एक मनुष्य के मन में घोड़े को चुराने का विचार पनपा।

सराय में रुके अन्य यात्री वहाँ इकट्ठे हो गये और बतियाने लगेः

बेवकूफी तो तुमने की कि घोड़े को अस्तबल से बाहर बाँध दिया। पहले ने कहा।

उससे भी बड़ी बेवकूफी यह कि घोड़े की टाँगें खुली छोड़ दीं। दूसरा बोला।

असलियत में तो समुद्र की यात्रा के लिए घोड़े पर निकलना ही बेवकूफी है। तीसरे ने कहा।

केवल आलसी और गिन-गिन कर कदम रखने वाले ही घोड़े पर चलते हैं। चौथा बोला।

यात्री इन बातों को सुन-सुनकर उबल पड़ा। वह चिल्लाया, दोस्तो, क्योंकि मेरा घोड़ा चोरी चला गया है इसलिए आपको मेरी गलतियों और कमियों को गिनाने की जल्दी है। लेकिन आश्चर्य है कि आप में से किसी ने भी घोड़ा चुराकर ले जाने वाले की आलोचना में कोई शब्द नहीं कहा!

13

आँसू और मुस्कान

शाम के समय नील नदी के किनारे एक भेड़िए की एक घड़ियाल से मुलाकात हो गई। दोनों ने परस्पर अभिवादन किया।

भेड़िए ने पूछा, कैसी बीत रही है, सर?

बड़ी बुरी बीत रही है। घड़ियाल ने कहा, कभी-कभी तो व्यथा और पीड़ा से मैं रो पड़ता हूँ और लोग हैं कि कहते हैं–घड़ियाल आँसू बहा रहा है। यह सुनकर तो मैं बता नहीं सकता कि कितना कष्ट होता है।

इस पर भेड़िया बोला, तुमने अपनी व्यथा तो सुना दी, अब एक पल मेरी सुनो। मैं संसार की सुषमा को, इसके आश्चर्यों और अजूबों को निहारता हूँ और मारे खुशी के जोर से हँसता हूँय एकदम खुली हँसी और पूरा जंगल कहता है–देखो, भेड़िया हँस रहा है।

14

आस्तिक और नास्तिक

प्राचीन नगर अफकार में दो विद्वान रहते थे। वे एक-दूसरे को नफरत करते थे और लगातार एक-दूसरे के ज्ञान को नीचा ठहराने की कोशिश में लगे रहते थे। उनमें से एक देवताओं के अस्तित्व को नकारता था, जबकि दूसरा उनमें विश्वास करता था।

एक बार वे दोनों बाजार में मिल गए। अपने-अपने चेलों की मौजूदगी में वे वहीं पर देवताओं के होने और न होने पर तर्क-वितर्क करते भिड़ गए। घंटों बहस के बाद वे अलग हुए।

उस शाम नास्तिक मन्दिर में गया। उसने अपने आपको पूजा की वेदी के आगे दण्डवत् डाल दिया और देवताओं से अपनी पिछली सभी भूलों के लिए क्षमा माँगी।

और उसी दौरान, दूसरा विद्वान जो आस्तिक था, उसने अपने सारे धर्मग्रंथ जला डाले। वह नास्तिक बन चुका था।

15

इस दुनिया में

पैदा होने के तीन दिन बाद की बात है।

मैं सिल्की परदों वाले अपने हिंडोले में लेटा हुआ चकित और हताश-सा अपने चारों ओर की बाहरी दुनिया को झाँक रहा था। तभी माँ ने आया से पूछा, मेरा बच्चा कैसा है?

आया ने कहा, वह बहुत अच्छा है मैश्म। मैं उसे तीन बार दूध पिला चुकी हूँ। इतना गोल-मटोल और हँसता-खेलता बच्चा मैंने इससे पहले कभी नहीं देखा।

मुझे गुस्सा आ गया। चीखकर बोला, यह सच नहीं है, माँ। मेरा बिस्तर बहुत बेआराम है। जो दूध मैं चूसता हूँ, मेरे मुँह में वो कडुवाहट घोल देता है। इसकी छातियों की दुर्गन्ध मेरे नथुनों में बदबू भर देती है। मैं बड़ा बदनसीब हूँ।

लेकिन न तो मेरी माँ और न नर्स ही मेरी बात को समझ सकी क्योंकि भाषा, जो मैंने बोली थी, वहाँ की थी जहाँ से मैं आया था।

पैदा होने के इक्कीसवें दिन, जब मुझे ईसाई संस्कारित किया जा रहा था, पादरी ने माँ से कहा, आपको निःसंदेह खुश होना चाहिए मैडम, कि आपका बेटा ईसाई परिवार में पैदा हुआ है।

मुझे बड़ा ताज्जुब हुआ। मैं पादरी से बोला, तब तो तुम्हारी स्वर्गवासी माँ बड़ी दुःखी होगी क्योंकि तुम पैदाइशी ईसाई नहीं हो।

लेकिन पादरी भी मेरी भाषा को न समझ सका।

सात माह बाद, एक ज्योतिषी ने मेरी माँ से कहा, आपका बेटा एक राजनीतिज्ञ और महान जननेता बनेगा।

मैं चिल्ला उठा, यह झूठा और पेशेवर है। मैं एक संगीतकार बनूँगा। उसके अलावा कुछ भी नहीं, सिर्फ संगीतकार।

लेकिन उस उम्र में भी मेरी भाषा समझी नहीं जा सकी-मुझे बड़ा आश्चर्य हुआ।

और तैतीस वर्षों के बाद, जब मेरी माँ, आया और पादरी मर चुके हैं, (ईश्वर उनकी आत्मा को शान्ति प्रदान करे) ज्योतिषी अभी भी जिन्दा है। कल, मैं मन्दिर के गेट के पास उससे मिला। जब हम दोनों बातें कर रहे थे, उसने कहा, मुझे पता था कि तुम बहुत बड़े संगीतकार बनोगे। जब तुम गोद में थे, मैंने तभी इस बात की भविष्यवाणी कर दी थी।

मैंने उसकी बात मान ली-क्योंकि अब मैं भी उस दूसरी दुनिया की भाषा भूल चुका हूँ।

16

ईश्वर

आदिकाल में, जब पहली बार कुछ बोलने को मेरे होंठ कँपकँपाए, मैं पवित्र पर्वत पर चढ़ गया और ईश्वर से बोला, मैं तेरा गुलाम हूँ मालिक! तेरी अनकही इच्छा मेरे लिए कानून है। जब तक जियूँगा, मैं तेरे आदेश का पालन करूँगा।

ईश्वर ने कोई जवाब नहीं दिया और एक ताकतवर तूफान की तरह चला गया।

हजार साल बाद मैं पुनः पवित्र पर्वत पर चढ़ा और पुनः ईश्वर से बोला-मैं तेरी संतान हूँ, हे जगत-निर्माता! तूने स्वयं अपनी मिट्टी से मुझे बनाया है। मेरा सब-कुछ तेरा है।

ईश्वर ने कोई उत्तर नहीं दिया। पलक झपकने के भी हजारवें हिस्से में ही वह अन्तर्धान हो गया।

उसके हजार साल बाद मैं फिर पवित्र पर्वत पर चढ़ा और ईश्वर से बोला-मैं तेरा पुत्र हूँ, हे पिता! कृपापूर्ण प्रेम के साथ तूने मुझे पैदा किया है। प्रेम और पूजा के जरिए ही मैं तेरी दुनिया में बना रहूँगा।

ईश्वर ने कोई जवाब न दिया। पारदर्शी परदे के रूप में पहाड़ियों पर पड़े कोहरे-सा, वह गायब हो गया।

आगामी हजार साल बाद मैं पुनः उस पावन पहाड़ पर चढ़ा और जोरों से बोला, हे ईश्वर! हे मेरे जीवन-लक्ष्य और मेरी मंजिल!! तू मेरा बीता हुआ कल है और मैं तेरा आनेवाला कल। मैं जमीन में तेरी जड़ हूँ और तू आकाश में मेरा फूल। सवेरे-सवेरे सूरज की ओर मुँह करके हम दोनों ही उगते हैं।

यह सुन ईश्वर मुझपर झुका और अनहद मीठेपन के साथ मेरे कानों में फुसफुसाया। फिर, जैसे समंदर किनारों की ओर से भीतर जाती लहरों के रूप में खुद को लपेटता है, वैसे ही अपने-आप में उसने मुझे लपेट लिया।

और जब मैं पहाड़ से उतरकर घाटियों और मैदानों में आया, ईश्वर को वहाँ मौजूद पाया।

17

ईश्वर और जीव

पहाड़ियों के बीच एक औरत अपने बेटे के साथ रहती थी। वह उसकी पहली और आखिरी सन्तान था।

उस बेटे की बुखार के दौरान एक दिन उस वक्त मौत हो गई, जब डॉक्टर उसके सिरहाने खड़ा था।

माँ का हृदय पीड़ा से फट पड़ा। वह डॉक्टर पर गरज उठी, बताओ, बताओ मुझे कैसे उसका उछलना-कूदना और बोलना-गाना बन्द हो गया है?

डॉक्टर ने कहा, उसे बुखार था।

माँ ने कहा, कैसा बुखार?

डॉक्टर बोला, कैसे समझाऊँ? यह एक बहुत-ही महीन वायरस है जो बदन में घुस जाता है। हम अपनी नंगी आँखों से उसे नहीं देख सकते।

यह कहकर डॉक्टर चला गया। वह अपने-आप से बार-बार यह कहती रोती रही, बहुत महीन बहुत छोटा वायरस। उसे हम अपनी नंगी आँखों से नहीं देख सकते!

शाम को सांत्वना देने पादरी उसके घर आया। वह यह कहती हुई रोती-चिल्लाती रहीं, हाय, क्यों मेरा लाल छिन गया, मेरा इकलौता बेटा, मेरी पहली सन्तान?

पादरी ने कहा, मेरी बच्ची! ईश्वर की ऐसी ही इच्छा थी।

"क्या है और कहाँ है ईश्वर? उसके पास ले चलो मुझे। मैं अपनी छाती फाड़कर उसे दिखाऊँगी। अपने जिगर के खून से मैं उसके कदमों को धोऊँगी। बताओ मुझे वो कहाँ है? औरत बोली।

पादरी ने कहा, ईश्वर अनन्त व्यापक है। इन आँखों से उसे नहीं देखा जा सकता।

औरत चीत्कार कर उठी, उस अनन्त की इच्छा से बहुत-ही महीन वायरस ने मेरे बेटे को मार डाला। फिर, हम क्या है? हम क्या है?

उसी क्षण उस औरत की माँ मृत बच्चे का कफन लेकर कमरे में दाखिल हुई। उसने पादरी के शब्द और अपनी बेटी का विलाप-दोनों सुने। उसने कफन को जमीन पर बिछाया दिया। बेटी का हाथ अपने हाथ में लिया और कहा, मेरी बच्ची! स्वयं हम सब बहुत ही महीन और अनन्त व्यापक हैं और इन दोनों के बीच का मार्ग भी हम खुद ही हैं।

18

ईश्वर और देवता

किलाफिस नगर के एक मन्दिर की सीढ़ियों पर एक मिथ्यावादी खड़ा था। वह अनेक देवताओं के बारे में प्रवचन कर रहा था। लोग मन-ही-मन सोचते थे-यह सब तो हम जानते ही है। क्या वे हमेशा हमारे साथ नहीं रहते? जहाँ भी हम जाते हैं, वे हमारे साथ नहीं होते?

कुछ ही समय बाद, बाजार में खड़ा एक अन्य आदमी लोगों के बीच कह रहा था—देवता नाम की कोई चीज दुनिया में नहीं है। उसकी वाणी सुनने वाले बहुत-से लोग बेहद खुश थे क्योंकि देवताओं से वे त्रस्त होते थे।

किसी और दिन, वक्तृत्व शक्ति से भरपूर एक अन्य व्यक्ति आया और बोला, ईश्वर है और सिर्फ एक है। लोग हताश हो गए। उनके मन को इस डर ने घेर लिया कि अकेला ईश्वर अनेक देवताओं के मुकाबले उनका कितना हित कर पाएगा?

उसी दौरान एक अन्य यानी चौथा व्यक्ति नगर में आया। उसने लोगों से कहा-देवता तीन हैं और वे एक की तरह हवा पर सवार हैं। उनकी एक माँ है जो उनकी साथी भी है और बहन भी।

इस संदेश से सबने राहत महसूस की। लोगों ने अपने मन में कहा, एकाकार तीन देवता हमारी गलतियों से असहमत हो सकते हैं। तब, उनकी महिमामयी माता उन गलतियों को क्षमा करने के लिए अवश्य ही हमारी तरफदारी करेंगी।

किलाफिस नगर में आज भी बहुत-से लोग परस्पर इस वाद-विवाद में उलझे दीख जाते हैं कि देवता अनेक हैं या वे हैं ही नहीं या फिर वह एक है या एकाकार तीन? और उनकी एक महिमामयी माँ भी है।

19

ईश्वर की तलाश

दो लोग घाटी में घूम रहे थे। एक आदमी पहाड़ों की ओर इशारा करके बोला, उस कुटी को देख रहे हो? वहाँ एक ऐसा आदमी रहता है जिसने वर्षों पहले संसार को त्याग दिया था। वह ईश्वर की खोज में है। उतरकर कभी भी नीचे नहीं आता।

दूसरे आदमी ने कहा, जब तक वह अपनी कुटिया और उसके एकान्त को छोड़कर हमारे दुःख-दर्दों में, हमारी खुशियों में हिस्सा बँटाने, शवों से लिपटकर रोते-बिलखते लोगों के साथ रोने के लिए संसार में नहीं लौटेगा, उसे ईश्वर नहीं मिलेगा।

उसके तर्क से सहमत पहले ने उससे कहा, तुमने जो कुछ भी कहा, मैं सहमत हूँ। लेकिन मुझे यकीन है कि तपस्वी अच्छा आदमी है। क्या यह अच्छी बात नहीं है कि एक अच्छा इन्सान हमारे बीच से गैर-हाजिर रहकर इन बहुत-से अच्छे दिखने वाले लोगों की तुलना में बेहतर काम कर जाता है?

20

उसने कहा

एक बार जब मै किसी अपने को दफना रहा था, कब्र खोदने वाला मेरे पास आया और बोला, दफन करने के लिए जितने भी लोग यहाँ आते हैं, उनमें सिर्फ तुम हो, जो मुझे भाते हो।

मैंने कहा, यह कहकर तुमने मेरी तबियत खुश कर दी। लेकिन मैं तुम्हें भाता क्यों हूँ?

इसलिए कि–उसने कहा, दूसरे सभी लोग रोते हुए आते हैं और रोते हुए ही वापस जाते हैं। केवल तुम हो, जो हँसते हुए आते हो और हँसते हुए ही जाते हो।

21

ओछे लोग

बेशारे नगर में एक सुन्दर राजकुमार रहता था। सभी लोग उसे बहुत प्यार और सम्मान देते थे।

लेकिन एक बहुत ही गरीब आदमी था जो राजकुमार को बिल्कुल भी नहीं चाहता था। वह उसके खिलाफ हमेशा जहर ही उगलता रहता था।

राजकुमार को यह बात पता थी, लेकिन वह चुप रहा।

उसने इस पर गहराई से विचार किया। एक ठिठुरती रात में उसके दरवाजे पर उसका एक सेवक एक बोरी आटा, साबुन और शक्कर लेकर जा पहुँचा। उसने उस आदमी से कहा, राजकुमार ने ये चीजें तोहफे में भेजी हैं।

आदमी बकबक करने लगा। उसने सोचा कि ये उपहार राजकुमार ने उसे खुश करने के लिए भेजे हैं। इस अभिमान में वह बिशप के पास गया और राजकुमार की सारी करतूत उसे बताते हुए बोला, देख रहे हो न, राजकुमार किस तरीके से मेरा दिल जीतना चाहता है?

बिशप ने कहा, ओह, राजकुमार कितना चतुर है और तुम कितनी ओछी बुद्धि के आदमी हो। उसने इशारों में तुमसे बात की है। आटा

तुम्हारे खाली पेट के वास्ते है। साबुन तुम्हारे भीतर छिपी बैठी गन्दगी को साफ करने के लिए और चीनी, तुम्हारी कड़वी जुबान में मिठास लाने के लिए।

उस दिन के बाद वह आदमी अपने-आप से भी लज्जित रहने लगा। राजकुमार के बारे में उसकी घृणा पहले से कहीं ज्यादा बढ़ गई। उससे भी अधिक घृणा उसे बिशप से हो गई, जिसने राजकुमार की प्रशंसा उसके सामने की थी।

लेकिन उस दिन के बाद उसने मौन धारण कर लिया।

22

कथा कटोरे की

एक सुनसान पहाड़ पर दो साधु रहते थे। वे ईश्वर का ध्यान करते और एक-दूसरे को बहुत प्रेम करते थे।

उनके पास एक कटोरा था और वही उन दोनों की पूँजी था।

एक दिन शैतान उनमें से बड़ी उम्र वाले के दिल में जा घुसा। वह कम उम्र वाले संन्यासी के पास आया और बोला, साथ-साथ रहते हमें लम्बा अरसा बीत गया। अब अलग होने का समय आ गया है। इसलिए हमें इस कटोरे को बाँट लेना चाहिए।

कम उम्र वाला संन्यासी यह सुनकर झटका खा गया। वह बोला, यह सुनकर मुझे बड़ा दुःख हुआ है मेरे भाई! लेकिन तुम अगर जाना चाहते हो, तो जाओ।

यों कहकर वह कटोरे को उठा लाया और उसे देते हुए बोला, इसे बाँटा नहीं जा सकता। अतः तुम ले जाओ।

इस पर बड़ी उम्र वाले ने कहा, मैं भीख नहीं लेता। मैं सिर्फ अपना हिस्सा लूँगा। इसलिए इसके टुकड़े करो।

युवा संन्यासी ने कहा, टूट जाने पर कटोरा न तुम्हारे मतलब का रहेगा न मेरे। अगर आपकी मर्जी हो तो हम लॉटरी डाल लेते हैं।

लेकिन बुजुर्ग संन्यासी ने कहा, डाल लोय लेकिन मैं अगर जीता तो सिर्फ अपना हिस्सा ही लूँगा और मैं अगर हारा तो भी अपना हिस्सा जरूर लूँगा। कटोरा तो अब टूटेगा ही।

युवा संन्यासी ने आगे और बहस नहीं की। बोला, अगर आपकी ऐसी ही इच्छा है और आप हर हाल में अपना ही हिस्सा लेना चाहते हैं तो ठीक है, आइए, कटोरे को तोड़ लेते हैं।

इतना सुनना था कि बुजुर्ग संन्यासी का चेहरा क्रोध से काला पड़ गया। वह चीखा, अरे नीच! डरपोक!! तू मुझसे झगड़ा नहीं कर सकता?

23

कल, आज और कल

मैंने अपने दोस्त से कहा, उस आदमी की बाँहों में झूलती उस लड़की को देख रहे हो? कल तक वह मेरी बाँहों में झूलती थी।

मेरा दोस्त बोला और कल वह मेरी बाँहों में झूल रही होगी।

मैंने कहा, उसका उससे सटकर बैठना देखो। कल वह मुझसे सटकर बैठी थी।

उसने कहा, कल वह मुझसे सटकर बैठेगी।

मैं बोला, देखो, वह उसकी प्याली से वाइन पी रही है। कल उसने मेरी प्याली से वाइन पी थी।

उसने कहा, कल मेरी प्याली से पिएगी।

तब मैंने उससे कहा, देखो, कितने प्यार से वह उसे निहार रही है। कल इतनी प्यारी नजर से उसने मुझे निहारा था।

और मेरे दोस्त ने कहा, कल इस नजर से मुझे निहार रही होगी।

मैंने कहा, क्या तुम्हें उसके कान में गुनगुनाए जाते उसके गीत सुनाई पड़ रहे हैं? यही गीत कल वह मेरे कानों में गुनगुना रही थी।

मेरे दोस्त ने कहा, कल इन गीतों को वह मेरे कान में गुनगुनाएगी।

मैंने कहा, देखो, वह क्यों उसे आलिंगन में बाँध रही है? कल उसने मुझे आलिंगन में बाँधा था।

और मेरे दोस्त ने कहा, कल वह मुझे आलिंगन में बाँधेगी।

इस पर मैंने कहा, कितनी अजीब औरत है।

लेकिन उसने जवाब दिया, वह जिन्दगी है जिसे हर आदमी अपनाता है और मौत है जो हर आदमी को अपनाती है। वह अनादि और अनन्त कहा जाने वाला काल है जो हर व्यक्ति को अपने आगोश में लेता है।

24

कवि की मौत ही उसका जीवन है

रात के काले परों ने शहर को अपनी गिरफ्त में ले लिया था। बर्फ की सफेद चादर उसके ऊपर आ तनी थी। गलियों-बाजारों में घूमते लोग गर्माहट की तलाश में घरों की ओर बढ़ चले थे। उत्तरी हवा ने सोए हुए बगीचों में हलचल मचा दी थी। बाहरी इलाके में खड़ी एक पुरानी झोपड़ी बर्फ से इतनी दब गई कि गिरने-गिरने को हो गई। उस जर्जर झोंपड़ी के एक अँधेरे कोने में टूटी-सी एक चारपाई पर एक मरियल-सा नौजवान पड़ा था। वह अपनी लालटेन की धीमी पड़ती जा रही लौ को ताक रहा था जो हवा के झोंकों से काँप-काँप जाती थी। कम उम्र का वह नौजवान जीवन की जकड़ से अपनी मुक्ति के पल को बहुत नजदीक से देख रहा था। वह उत्सुकता से मौत का इंतजार कर रहा था। उसके पीले चेहरे पर आशा के सूर्य की लालिमा थी। उसके होठों पर दुखभरी मुस्कान थी और आँखों में क्षमाशीलता।

वह एक कवि था जो अमीरों के शहर में भूख से तड़प रहा था। अपनी जीवनदायी और सुखद वाणी द्वारा लोगों में जीवन का संचार करने के लिए उसे इस भौतिक जगत में भेजा गया था। वह पवित्र आत्मा था। मानवता की देवी ने उसे सत्कार्य के लिए पृथ्वी पर भेजा था। लेकिन

हाय! धरती के वासी अजनबी और ठंडे हैं। वह उनसे एक मुस्कानभरी विदाई भी नहीं पा रहा है।

वह अपनी अंतिम साँसें ले रहा था। अकेलेपन की साथी उसकी लालटेन की लौ और कागजों के कमजोर पन्नों को, जिन पर उसने अपने हृदय के उद्गार लिख रखे थे, बचाने वाला कोई भी वहाँ नहीं था। अपनी पूरी ताकत समेटकर उसने अपने हाथ ऊपर उठाए। निराशापूर्वक अपनी आँखें बंद कीं, जैसे कि झोपड़ी की छत और बादलों के पार चमक रहे तारों को देखना चाहता हो।

वह बोला-आओ, हे खूबसूरत मृत्यु! मेरी आत्मा तुम्हारा इंतजार कर रही है। मेरे पास आओ और जिन्दगी के लौह-वस्त्र को उतार ले जाओ क्योंकि इसे लादे-लादे मैं थक गया हूँ। आओ, हे मृदुल मौत! उन पड़ोसियों से दूर ले जाओ जो सिर्फ इसलिए कि मैं उन्हें देवत्व का पाठ सुनाता हूँ, मुझे अजनबी निगाहों से देखते हैं। जल्दी करो, हे शान्ति प्रदायिनी! इस भीड़ से, जिसने सिर्फ इसलिए कि मैं उसकी तरह निरीहों का खून नहीं कर सकता, मुझे हताशा के अँधेरे कोने में धकेल दिया है, दूर ले जाओ। आओ, मुझे अपने सफेद परों के नीचे छिपा लो क्योंकि मेरे दोस्तों को अब मेरी जरूरत नहीं है। मुझे प्यार और दुलार भरी झप्पी दो। मेरे इन होठों का चुम्बन लो, जिन्होंने माँ के चुम्बन का सुख कभी जाना ही नहीं। मैंने कभी न बहिन के गाल छुए और न ही प्रेमिका के पोरुओं का स्पर्श जाना। प्यारी मौत, आओ और मुझे उठा ले जाओ।

तभी, उसकी चारपाई के किनारे एक देवदूत प्रकट हुआ। वह दिव्य आभा से दमक रहा था। उसके हाथ में लिली के फूलों का गुच्छा था। उसने उसे गले लगाया और पलकें बंद कर दीं। उसके बाद अपनी शरीरी आँखों से वह कुछ नहीं देख पाया। उसने उसका एक गहरा, लंबा और मुलायम-सा चुंबन लिया जिससे उसके होंठों पर सुखपूर्ण आत्मिक मुस्कान तैर आई। घर खाली हो गया। कवि द्वारा लिखे हुए पन्ने उड़कर इधर-उधर बिखर गए।

सैकड़ों साल बाद, शहर के लोग अज्ञान की नींद से जागे और उन्होंने ज्ञान के सूर्य को उगते देखा। उन्होंने उस कवि की एक खूबसूरत मूर्ति बनाकर शहर के सबसे अच्छे पार्क में स्थापित की। वहाँ उस कवि के, जिसकी वाणी ने उन्हें मुक्ति का मार्ग दिखाया था, सम्मान में वे हर वर्ष मेला लगाने लगे। ओह! मानवीय अवहेलना कितनी क्रूर होती है!!

25

कहत कठिन समुझत कठिन

एक औरत और एक आदमी सफर के दौरान भाड़े की एक गाड़ी में मिल गए। वे इससे पहले भी मिल चुके थे।

आदमी एक कवि था। औरत के करीब बैठकर उसने कहानियाँ सुनाकर उसे खुश करना शुरू कर दिया। उनमें कुछ उसकी स्वयं की लिखी हुई थीं और कुछ दूसरों की।

लेकिन उसके सुनाते-सुनाते ही औरत नींद के आगोश में चली गई। एक जगह अचानक झटका लगा और वह जाग गई।

जोन और ह्वेल की कहानी को सुनाने का तुम्हारा अन्दाज मुझे अच्छा लगा। वह बोली।

लेकिन महोदया! मैं तो एक तितली और सफेद गुलाब के बारे में आपको अपनी खुद की लिखी हुई कहानी सुना रहा था कि वे कैसे एक-दूसरे से बर्ताव करते हैं! आदमी ने खीझ-भरे स्वर में कहा।

26

काग-भगोड़ा

एक बिजूके से एक बार मैंने कहा, इस निर्जन खेत में खड़े-खड़े तुम थक जाते होगे।

वह बोला, डराकर भगाने का मजा ही कुछ और है। वह बेजोड़ है। मैं इससे कभी नहीं थकता।

एक पल सोचकर मैंने उससे कहा, ठीक कहते हो। उस आनन्द को मैंने भी जाना है।

उसने कहा, भूसा-भरे लोग ही इस आनन्द को जान सकते हैं।

यह सोचे बिना कि ऐसा कहकर उसने मेरी प्रशंसा की या भर्त्सना, मैं उसके पास से चला आया।

एक साल बीत गया। इस बीच वह दार्शनिक बन चुका था।

उसकी बगल से गुजरते हुए मैंने देखा-दो कौए उसके हैट के नीचे घोंसला बना रहे थे।

27

घुमक्कड़

वह चौराहे पर मुझे मिला। आदमी होते हुए भी वह घड़ी था, छड़ी था और पीड़ाओं का पुलिन्दा था। हमने एक-दूसरे का अभिवादन किया।

घर पधारकर हमारी मेहमाननवाजी स्वीकार कीजिए। मैंने कहा।

वह आ गया।

मेरी पत्नी और बच्चों ने दरवाजे पर ही हमारी अगवानी की। वह उनकी ओर मुस्कराया। उन्हें उसका आना अच्छा लगा।

हम कमरे में जा बैठे। हम सब उस आदमी को अपने घर पाकर खुश थे क्योंकि उसमें शान्ति और गूढ़ता का वास था।

खाना खाने के बाद हम चिमनी के पास जा बैठे। मैंने उससे घुमक्कड़ी के अनुभव पूछे।

उस रात उसने बहुत-सी कहानियाँ हमें सुनाईं। फिर अगले दिन भी सुनाईं। मैंने महसूस किया कि हालाँकि वह खुद में काफी दयालु था लेकिन उसके किस्से तीखापन लिए थे। ये किस्से रास्तों की धूल और धैर्य से उसमें उपजे थे। और तीन दिन बाद, जब वह घर से गया, हमें लगा ही नहीं कि कोई मेहमान घर से चला गया है। यही लगता रहा कि हममें से एक बाहर बगीचे में घूमने गया था और अभी तक लौटकर नहीं आया।

28

चतुर कुत्ता

एक चतुर कुत्ता एक दिन बिल्लियों के एक झुण्ड के पास से गुजरा।

कुछ और निकट जाने पर उसने देखा कि वे कोई योजना बना रहीं थीं और उसकी ओर से लापरवाह थीं। वह रुक गया।

उसने देखा कि झुण्ड के बीच से एक दीर्घकाय, गम्भीर बिल्ला खड़ा हुआ। उसने उन सब पर नजर डाली और बोला, भाइयो! दुआ करो। बार-बार दुआ करो। यकीन मानो, दुआ करोगे तो चूहों की बारिश जरूर होगी।

यह सुनकर कुत्ता मन-ही-मन हँसा।

अरे अन्धे और बेवकूफ बिल्लो! शास्त्रों में क्या यह नहीं लिखा है और क्या मै और मुझसे भी पहले मेरा बाप, यह नहीं जानता कि दुआ के, आस्था के और समर्पण के बदले चूहों की नहीं हड्डियों की बारिश होती है। यह कहते हुए वह पलट पड़ा।

29

चतुर शासक

विरानी नाम के एक सुदूर नगर पर किसी समय एक राजा शासन करता था। वह शक्तिशाली भी था और चतुर भी। लेकिन उसे अपनी सामर्थ्य पर कम, बुद्धि पर भरोसा अधिक था।

उस नगर के बीचो-बीच एक कुआँ था। उसका पानी एकदम साफ और ठण्डा था। नगर में क्योंकि दूसरा कोई अन्य कुआँ नहीं था, इसलिए सभी नगरवासी यहाँ तक कि राजा और उसके दरबारी भी, उस कुएँ का ही पानी पीते थे।

एक रात, जब सभी सोए हुए थे, एक चुड़ैल नगर में आ घुसी। उसने किसी अनजाने द्रव की सात बूँदें कुएँ के पानी में टपका दीं और बोली, इसी पल से, जो भी इस कुएँ का पानी पियेगा, पागल हो जाएगा।

अगली सुबह, राजा और उसके प्रधानमंत्री को छोड़कर सभी नगरवासियों ने कुएँ का पानी पिया और चुड़ैल की भविष्यवाणी के अनुसार पागल हो गए।

उसके बाद छोटी-छोटी गलियों से लेकर बड़े-बड़े बाजारों तक, सभी जगह, पूरे दिन लोग एक-दूसरे से यों बतियाते रहे, राजा पागल है। हमारे राजा और उसके प्रधानमन्त्री का दिमाग घूम गया है। ऐसे आदमी को हम

पर शासन करने का कोई अधिकार नहीं है। हम इसे गद्दी से उतार देंगे।

उसी शाम राजा ने सोने का एक घड़ा उस कुएँ के पानी से भर लाने का आदेश दिया। जैसे ही वह लाया गया, राजा ने पेटभर उसे पिया और अपने प्रधानमन्त्री को भी पीने को दिया।

ऐसा करते ही पूरे विरानी नगर में खुशी की लहर दौड़ गई।

राजा और प्रधानमन्त्री ने राजगद्दी पर अपने बने रहने के कारण को पुनः पा लिया था।

30

छोटी चींटी बड़ी चींटी

धूप में लेटे एक आदमी की नाक पर तीन चींटियों का मिलन हुआ। एक-दूसरे को नमस्ते कहने के बाद जातीय-रिवाज के अनुरूप उसी जगह रुककर वे बातें करने लगीं।

पहली ने कहा, ये पहाड़ और मैदान एकदम बाँझ हैं, मैंने देख लिया है। पूरा दिन घूमते निकल गया, एक दाना तक नहीं मिला।

दूसरी बोली, कोना-कोना छान मारा, मुझे भी कुछ नहीं मिला। मुझे तो लगता है कि हमारे यहाँ जिसे चलती-फिरती नाजुक और बाँझ जमीन कहा जाता हैं, यह वही है।

तीसरी चींटी ने भी अपना सिर उठाया। बोली, दोस्तो, हम इस समय महाशक्तिशाली बहुत बड़ी चींटी की नाक पर खड़े हैं। इसका शरीर इतना बड़ा है कि हम उसे पूरा-का-पूरा देख नहीं सकते। इसकी परछाई भी इतनी बड़ी है कि हम उसे नाप नहीं सकते। इसकी आवाज इतनी तेज है कि हम उसे सुन नहीं सकते। यह दुनिया-जितनी बड़ी चींटी है।

तीसरी चींटी की इस बात को सुनकर बाकी दोनों ने एक-दूसरी को देखा और जोर-से हँस पड़ीं।

उसी क्षण आदमी ने करवट बदली। नींद में उसका हाथ उठा और नाक को खुजाने लगा। तीनों चींटियाँ उसकी उँगलियों से कुचल गईं।

31

ज्ञानियों की गति

चार मेढ़क नदी किनारे के एक लट्ठे पर बैठे थे। अचानक लट्ठा धारा में आ गया और धीरे-धीरे बहने लगा। मेढ़क खुश हो गए और लट्ठे के साथ तैरने लगे। इससे पहले उन्होंने कभी भी नाव की सवारी नहीं की थी।

कुछ दूरी पर पहला मेढ़क बोला, यह वास्तव में ही बहुत चमत्कारी लट्ठा है। ऐसे तैर रहा है जैसे जिन्दा हो। ऐसा लट्ठा पहले कभी नहीं सुना।

दूसरे मेढ़क ने कहा, नहीं मेरे दोस्त, है तो यह दूसरे लट्ठों जैसा ही। चल यह नहीं रहा है। दरअसल, यह नदी है न, समुद्र की ओर जा रही है। हमें और लट्ठे को यह अपने साथ बहाए ले-जा रही है।

तीसरा मेढ़क बोला, भाई, गति न तो लट्ठे में है और न नदी में। गति हमारे विचारों में है। बिना विचार के कुछ भी गतिशील नहीं होता।

अब, तीनों मेढ़क इस बात पर झगड़ने लगे कि गति वास्तव में किसमें है? लड़ाई तेज से तेजतर होती गई लेकिन सहमति नहीं बन पाई।

फिर वे चौथे मेढ़क की ओर मुड़े। वह अब तक चुपचाप उनकी बातें सुन रहा था। उन्होंने उससे उसकी राय पूछी।

चौथा मेढ़क बोला, तुममें से किसी की भी बात गलत नहीं है। गति लट्ठे में, जल में और विचारों में-सब में है।

उसकी बात पर तीनों मेढ़क बहुत नाराज हो गए क्योंकि उनमें से किसी को भी यह बर्दाश्त नहीं था कि उसकी बात पूरी तरह सही नहीं है और यह कि बाकी दोनों की बात पूरी तरह गलत नहीं है।

फिर एक अजीब बात हुई। तीनों मेढ़क एकजुट हो गए और चौथे मेढ़क को उन्होंने लट्ठे पर से धक्का दे दिया।

32

जाद का मैदान

जाद जाने वाली सड़क पर एक यात्री पास के गाँव में रहने वाले एक आदमी से मिला। लम्बे-चौड़े एक खुले मैदान की ओर इशारा करके उसने पूछा, क्या यह वही मैदान नहीं है जहाँ राजा आलम ने अपने दुश्मनों को धूल चटाई थी?

ग्रामवासी ने उत्तर दिया, युद्ध का मैदान तो यह कभी नहीं रहा। इस मैदान में कभी महान जाद शहर हुआ करता था। वह जलकर राख हो गया। लेकिन अब यह एक अच्छा मैदान है। नहीं?

इतनी बात करके दोनों अपने-अपने रास्ते चले गए।

आधे मील से भी कम चलने पर यात्री दूसरे ग्रामवासी से मिला। पुनः मैदान की ओर इशारा करके उसने पूछा, तो यह है वो मैदान जहाँ किसी जमाने में जाद शहर हुआ करता था?

दूसरा ग्रामवासी बोला, इस जगह पर कभी कोई नगर नहीं रहा। लेकिन किसी जमाने में एक मठ यहाँ जरूर था। दक्षिण देश के लोगों ने उसे नष्ट कर दिया।

इसके थोड़ी ही देर बाद यात्री उस सड़क पर एक तीसरे आदमी से मिला। उस विस्तृत मैदान की ओर इशारा करते हुए उसने उससे

पूछा, क्या यही वह जगह है जहाँ किसी समय एक महान मठ हुआ करता था?

आदमी बोला, इसके आसपास भी कभी कोई मठ नहीं रहा। हमारे दादे-परदादे बताते थे कि कोई तारा टूटकर इस मैदान में गिरा था।

हैरान यात्री आगे बढ़ा। उसे एक बूढ़ा आदमी मिला। उसने उसका अभिवादन किया और पूछा, सर, इस रास्ते पर मैं आसपास के तीन लोगों से मिला हूँ। तीनों से मैंने इस मैदान के बारे में पूछा और हर आदमी ने पहले वाले की बात को गलत बताते हुए नई बात मुझे बताई।

इस पर बूढ़े ने अपना सिर उठाया और बोला, दोस्त, इन लोगों में हर आदमी ने वही बात तुम्हें बताई जो घटित हुई। लेकिन हममें से कुछ ही लोग ऐसे होते हैं जो भिन्न यथार्थों को जोड़कर सत्य तक पहुँच पाते हैं।

33

जीवनपथ

कदीशा घाटी में, जहाँ गदराई नदी बहती है, दो छोटी धाराएँ मिलीं और बतियाने लगीं।

पहली धारा ने कहा, कैसे आईं तुम सखी और तुम्हारा रास्ता कैसा रहा?

दूसरी ने जवाब दिया, मेरा रास्ता बहुत तकलीफदेह था। पनचक्की का चक्का टूट गया था और मुखिया किसान, जो पौधों की सिंचाई के लिए मेरा सहारा लेता था, मर गया। उस कूड़े-करकट से चू कर किसी तरह नीचे आई हूँ। तुम्हारा रास्ता कैसा रहा, मेरी बहिन?

पहली ने कहा, मेरा रास्ता अलग तरह का रहा। मैं महकते फूलों और शरमीले पौधों के बीच से होती हुई पहाड़ से उतरी। औरतों और मर्दों ने चाँदी के गिलासों में लेकर मेरा पानी पिया। किनारे बैठकर छोटे बच्चों ने अपने गुलाबी पाँव मेरे जल में हिलाए। मेरे चारों ओर हमेशा चहल-पहल रही, खुशनुमा गीतों का माहौल रहा। कितने दुःख की बात है कि तुम्हारा रास्ता इतना खराब रहा।

उसी समय नदी ने ऊँची आवाज में कहा, आ जाओ, आ जाओ! हम सागर में मिलने जा रहे हैं। ज्यादा बातें न बनाओ, आओ। अब मेरे साथ रहो। मुझमें समाकर तुम अपने रास्ते के सारे दुःख-दर्द भूल जाओगे, आओ। तुम्हें और मुझे अपने जीवनपथ की समस्त बातों को भूलकर अपने जन्मदाता सागर के हृदय में समा जाना है।

34

तानाशाह की बेटी

सिंहासन पर सो रही बूढ़ी रानी के आसपास खड़े चार गुलाम पंखा झल रहे थे। वह खर्राटे ले रही थी और उसकी गोद में बैठी बिल्ली म्याऊँ-म्याऊँ करती उनींदी आँखों से गुलामों को घूर रही थी।

पहला गुलाम बोला-सोते हुए यह बुढ़िया कितनी भद्दी दिखती है। इसका लटका हुआ मुँह देखो। और साँस तो ऐसे लेती हैं जैसे शैतान ने इसका गला दबा रखा हो।

बिल्ली ने म्याऊँ की आवाज निकाली-खुली आँखों इसकी गुलामी करते हुए जितने बदसूरत तुम दिखते हो, सोते हुए यह उससे आधी भी बदसूरत नहीं दिखती है।

दूसरे गुलाम ने कहा-नींद के दौरान इसकी झुर्रियाँ गहरी होने की बजाय सपाट हो जाती हैं। जरूर किसी साजिश का सपना देख रही होगी।

बिल्ली ने म्याऊँ की-तुम्हें भी ऐसी नींद लेनी चाहिए और आजादी का सपना देखना चाहिए।

तीसरा गुलाम बोला-इसके द्वारा मारे गये लोग जुलूस की शक्ल में इसके सपनों में आ रहे होंगे।

और बिल्ली ने म्याऊँ की-ए, जुलूस की शक्ल में यह तुम्हारे पुरखों ही नहीं, आने वाली संतानों को भी देख रही है।

चौथे गुलाम ने कहा-इसके बारे में बातें करना अच्छा लगता है, लेकिन इससे खड़े होकर पंखा झलने की मेरी थकान पर तो कोई फर्क पड़ता नहीं है।

बिल्ली ने म्याऊँ की-तुम-जैसे लोगों को तो अनन्त-काल तक पंखा झलते रहना चाहिए। सिर्फ धरती पर ही नहीं, स्वर्ग में भी।

रानी की गरदन एकाएक नीचे को झटकी और उसका मुकुट जमीन पर जा पड़ा।

गुलामों में से एक कह उठा-यह तो अपशकुन है।

बिल्ली बोली-एक के लिए अपशकुन दूसरों के लिए शकुन होता है।

दूसरा गुलाम बोला-जागने पर इसने अगर अपने सिर पर मुकुट नहीं पाया तो हमारी गरदनें उड़वा देगी।

बिल्ली ने कहा-तुम्हें पता ही नहीं है कि जब से पैदा हुए हो, यह रोजाना तुम्हारी गरदन उड़वाती है।

तीसरे गुलाम ने कहा-ठीक कहते हो। यह देवताओं को हमारी बलि देने के नाम पर हमारा कत्ल करा देगी।

बिल्ली बोली-देवताओं के आगे केवल कमजोरों की बलि दी जाती है।

तभी चौथे गुलाम ने सबको चुप हो जाने का इशारा किया। उसने मुकुट को उठाया और इस सफाई के साथ कि रानी की नींद न टूटे, उसे उसके सिर पर टिका दिया।

बिल्ली ने म्याऊँ की-एक गुलाम ही गिरे हुए मुकुट को पुनः राजा के सिर पर टिका सकता है।

कुछ पल बाद बूढ़ी रानी जाग उठी। इधर-उधर देखते हुए उसने जम्हाई ली और बोली-लगता है मैंने सपना देखा-मैंने देखा कि एक बिच्छू चार कीड़ों को बलूत के एक बहुत पुराने पेड़ के तने के चारों ओर दौड़ा रहा है। यह सपना मुझे अच्छा नहीं लगा।

यों कहकर उसने आँखें मूँदीं और दोबारा सो गई। खर्राटे फिर से शुरू हो गए और चारों गुलामों पुनः पंखा झलने लगे।

और बिल्ली घुरघुराई-झलते रहो, झलते रहो मूर्खों। नहीं जानते कि तुम उस आग की ओर पंखा झल रहे हो जो तुम्हें जलाकर खाक करती है।

35

तापस और चौपाए

हरी-भरी पहाड़ियों के बीच एक तपस्वी रहता था। वह हृदय और आत्मा दोनों से पवित्र था। सारे इलाके के जानवर और पक्षी जोड़े में उसके पास आते थे। वह उनसे बतियाता था। वे प्रसन्नतापूर्वक उसे सुनते और एकदम निकट आ बैठते। रात गहराने तक वे वहीं रहते जब तक कि वह उन्हें जाने को न कहता।

एक शाम, जब वह प्रेम पर बोल रहा था, एक तेंदुए ने सिर उठाया और तपस्वी से पूछा, आप हमें प्रेम का पाठ पढ़ा रहे है। बताइए सर, कि आपका जोड़ीदार किधर है?

मेरा कोई जोड़ीदार नहीं है। तापस ने कहा।

यह सुनते ही उन चौपायों और परिंदों के बीच अचरजभरा घना शोर उठ खड़ा हुआ। वे आपस में बतियाने लगे, जब वह खुद ही प्यार और साथ रहना नहीं जानता, तब हमें यह सब कैसे सिखा सकता है?

संध्या समय ही वे उसे अकेला छोड़कर उठ खड़े हुए और चले गए।

उस रात चटाई पर तापस औंधे मुँह लेटा। वह दहाड़ें मार-मार कर रोने लगा और जोर-जोर से अपनी छाती को पीटने लगा।

36

दमित अभिलाषा

नौजवान कवि ने रानी से कहा, आय लव यू।

रानी ने जवाब दिया, मैं भी तुम्हें बहुत प्यार करती हूँ, मेरे बच्चे!

लेकिन मैं आपका बच्चा नहीं हूँ। मैं एक मर्द हूँ और आपको प्यार करता हूँ।

उसने कहा, मैं ऐसे बेटे-बेटियों की माँ हूँ जो खुद बेटे-बेटियों के माँ-बाप हैं और मेरे बेटों में से एक का बेटा तो उम्र में तुमसे भी बड़ा है।

युवा कवि ने कहा, फिर भी, मैं आपसे प्यार करता हूँ।

इस घटना के कुछ ही दिनों बाद रानी का देहांत हो गया और उस समय, जब उसकी अन्तिम साँस धरती की महान साँस में विलीन होने को थी, उसने अपने हृदय में कहा, मेरे प्यारे, मेरे इकलौते बेटे, नौजवान कवि, कोई दिन जरूर आएगा जब हमारा मिलन होगा और मैं सत्तर साल की नहीं होऊँगी।

37

दर्प-राग

सागर किनारे के एक बूढ़े ने एक बार मुझसे कहा, तीस साल पहले की बात है। एक मल्लाह मेरी बेटी को भगा ले गया। मैंने उन दोनों को जले दिल से बद्दुआ दी क्योंकि पूरी दुनिया में अपनी बेटी से ज्यादा मैं किसी को नहीं चाहता था।

उसके कुछ ही दिनों बाद, वह जवान मल्लाह अपनी नाव के साथ अतल सागर में डूब गया। उसके साथ ही मेरी प्यारी बेटी भी मुझसे दूर चली गई।

अब, मैं एक जवान लड़के और जवान लड़की की हत्या का बोझ लादे घूम रहा हूँ। मेरी बददुआ के कारण ही वे खत्म हुए और अब, जब मेरे पाँव कब्र में लटके हैं, मैं खुदा से अपने पाप की माफी चाहता हूँ।

बूढ़े ने यह कहा जरूर लेकिन उसके शब्दों में एक दर्प-विशेष था। ऐसा लगता था जैसे उसे अभी भी इस बात का घमण्ड हो कि उसकी बद्दुआ में कितनी जान है।

38

दूसरा घुमक्कड़

एक बार मैं एक घुमक्कड़ से मिला। वह भी कुछ पागल था और इसीलिए उसने मुझसे बतियाना शुरू किया, मैं एक घुमक्कड़ हूँ। मुझे अक्सर महसूस होता है कि मैं बंजारों के बीच धरती पर घूम रहा हूँ। क्योंकि धरती से मेरा सिर उनके मुकाबले सत्तर गुना दूर है, इसमें बहुत ऊँचे और आजाद ख्याल आते हैं।

लेकिन सचाई यह है कि मै मनुष्यों के बीच नहीं, उनसे कहीं ऊपर चलता हूँ। वे खुले मैदानों में मेरे केवल पदचिह्न ही देख पाते हैं।

मैं अपने पदचिह्नों पर अक्सर उन्हें बात करते और सहमत या असहमत होते सुनता रहता हूँ। कुछ लोग कहते हैं, ये मैमथ (पुराकालीन हाथी), जो युगों पहले धरती पर विचरते थे, के पैरों के निशान हैं। दूसरे कहते हैं, नहीं, ये वो जगहें हैं जहाँ अन्तरिक्ष में चमकते सितारों के टुकड़े गिरे थे।

लेकिन तुम, मेरे दोस्त, तुम अच्छी तरह जानते हो कि वे एक घुमक्कड़ के पदचिह्न बचाकर नहीं रख पा रहे हैं।

39

दाने अनार के

एक बार जब मैं अनार के दिल में रहता था, मैंने एक बीज को कहते सुना, एक दिन मैं पेड़ बन जाऊँगा। मेरी शाखों से हवा के गीत निकलेंगे। धूप मेरी पत्तियों पर नाचेगी। मैं सालों-साल मजबूत और खूबसूरत बना रहूँगा।

फिर दूसरा बीज बोला, जब मैं तुम्हारे जितना जवान था, मैं भी तुम्हारी तरह ही सोचता था। आज जब मैं चीजों को नाप-तोल सकता हूँ, देखता हूँ कि मेरी कल्पनाएँ बेकार थीं।

तीसरा बीज बोला, मुझे हम-सब में ऐसी कोई चीज नजर नहीं आती जो हमें भविष्य में महान बना सके।

चौथे ने कहा, बेहतर भविष्य के बिना हमारी जिन्दगी एक मखौल बन जाएगी।

पाँचवें ने कहा, जब तक हमें यह न पता हो कि हम क्या हैं, तब तक इस बात पर झगड़ना कि हम क्या बनेंगे-बेकार है।

लेकिन छठे ने उत्तर दिया, हम जो भी हों, भविष्य के बारे में सोचना जारी रखना चाहिए।

83

सिद्ध और बच्चा

पैगम्बर शरीअ को एक दिन एक बगीचे में एक बच्चा दिखा। वह उनकी ओर दौड़ आया और बोला, गुड मॉर्निंग, सर।

देख रहा हूँ कि तुम अकेले हो! पैगम्बर ने कहा।

इस पर बच्चे ने प्रफुल्ल-स्वर में कहा, बड़ी मुश्किल से आया से पीछा छुड़ाया है। वह सोच रही है कि मैं उन झाड़ियों के पीछे हूँ। लेकिन आप तो देख ही रहे हैं कि मैं यहाँ हूँ। यह कहकर उसने पैगम्बर के चेहरे पर नजर गड़ा दी और बोला, आप भी तो अकेले हैं? अपनी आया का क्या किया?

पैगम्बर ने कहा, यह एकदम अलग बात है। सचाई यह है कि मैं कभी भी उसकी नजरों से दूर नहीं होता। लेकिन इस समय, जब मैं बगीचे में घुसा, उसने झाड़ियों के पीछे तक मेरा पीछा किया।

बच्चा ताली बजाते हुए चिल्ला उठा, तो आप भी मेरी तरह अपनी आया से बिछुड़ गये है! गुम हो जाने में मजा आता है न? फिर बोला, आप हैं कौन?

उसने कहा, लोग मुझे पैगम्बर शरीअ कहते हैं। तुम कौन हो?

मैं बस मैं हूँ। बच्चे ने कहा, मेरी आया मेरे पीछे पड़ी है। उसे नहीं मालूम कि मैं कहाँ हूँ।

पैगम्बर आसमान की ओर ताकने लगा। बोला, एक पल के लिए तो मैं भी अपनी आया से बिछुड़ गया हूँ। लेकिन वह मुझे ढूँढ लेगी।

मेरी भी मुझे ढूँढ़ लेगी, मुझे पता है। बच्चा बोला।

उसी पल बच्चे का नाम पुकारता एक नारी-स्वर उन्होंने सुना।

देख लो, बच्चे ने कहा, मैंने कहा था न कि वह मुझे ढूँढ़ लेगी।

उसी पल एक-और आवाज सुनाई दी, तुम कहाँ हो, शरीअ?

और पैगम्बर ने कहा, देखो मेरे बच्चे, उन्होंने मुझे भी ढूँढ़ लिया है। फिर ऊपर की ओर चेहरा उठाकर शरीअ ने कहा, मैं यहाँ हूँ।

84

सिद्ध पुरुष

एक सिद्ध पुरुष था। महीने में तीन बार वह महानगर में जाता था। वहाँ के बाजारों में लोगों के बीच वह रुपए-पैसे से एक-दूसरे की मदद करने का प्रचार करता था। वह बहुत सुलझा हुआ इन्सान था और दूर-दूर तक प्रसिद्ध था। एक शाम तीन लोग उसकी कुटी पर आए। उसने उनका स्वागत किया। वे उससे बोले, तुम रुपए-पैसे से लोगों की सहायता करने की शिक्षा देते हो। यह प्रवचन तुम धनी लोगों के बीच जाकर देते हो न कि गरीबों के बीच जाकर। हम बिना शक-ओ-शुबह कह सकते हैं कि इस ख्याति ने तुम्हें धनी बना दिया है। अब, बाहर निकलो और सारा धन हमें सौंप दो। हमें उसकी जरूरत हैं।

सिद्ध बोला, दोस्तो, मेरे पास इस बिस्तर, इस चटाई और पानी भरे इस लोटे के अलावा कुछ नहीं है। अगर तुम्हें इनकी जरूरत है तो ले जाओ। मेरे पास न तो सोना है न चाँदी।

इस पर उन्होंने हिकारत से उसे देखा और वापस घूम लिए। लेकिन आखिरी आदमी उसके दरवाजे पर खड़ा रह गया और उससे बोला, धोखेबाज! बेइमान!! तू उस बात की शिक्षा लोगों को देता है जिसको तू खुद अमल में नहीं ला सकता।

85

सोने की बेल्ट

स्तम्भों के नगर सालामिस की ओर जाने वाली सड़क पर चलते दो लोग एक जगह मिले। दोपहर के समय वे एक चौड़ी नदी पर पहुँचे। उसे पार करने के लिए कोई पुल नहीं था। उस पार जाने के लिए या तो उन्हें तैरना था या फिर कोई दूसरा रास्ता तलाशना था जिसे वे नहीं जानते थे।

वे आपस में कहने लगे, हमें तैरना चाहिए। जो भी हो, नदी बहुत ज्यादा चौड़ी नहीं है।

बस, वे नदी में कूद पड़े और तैरना शुरू कर दिया।

उनमें से एक ने, जिसे नदियों और उनके बर्ताव का पहले ही से ज्ञान था, मझधार में पहुँचकर शरीर को निश्चल छोड़ दिया ताकि जोर की लहर आए और उसे किनारे पर ले-जा पटके। उसके विपरीत दूसरा, जो पहले कभी भी पानी में नहीं कूदा था, सीधे तैरता चला गया और उस पार जा खड़ा हुआ। यह देखकर कि उसका साथी अभी भी लहरों से कुश्ती लड़ रहा है, वह पुनः पानी में कूद पड़ा और उसे सुरक्षित बाहर खींच लाया।

बचाकर लाए हुए आदमी ने कहा, लेकिन तुमने तो कहा था कि तुम्हें तैरना नहीं आता? फिर इतनी सफाई के साथ तुमने नदी को कैसे पार कर लिया?

और सातवें बीज ने कहा, चीजें कैसी होंगी-इस बारे में मैं एकदम स्पष्ट हूँ, लेकिन अपनी बात को शब्दों में व्यक्त कैसे किया जाए मैं यह नहीं जानता।

फिर आठवाँ, नवाँ, दसवाँ और अन्य भी बहुत-से बीज, यहाँ तक कि सब-के-सब बोले। शोरोगुल के बीच उनका एक शब्द भी मेरी समझ में नहीं आया।

और उसी दिन मैं एक शरीफे में जा बैठा जहाँ बीज कम और करीब-करीब शान्त थे।

40

दार्शनिक और मोची

जूते पहने एक दार्शनिक एक मोची के पास आया। बोला, मेरे जूतों की मरम्मत कर दो।

मोची बोला, इस समय में किसी-और के जूते मरम्मत कर रहा हूँ। आपका नम्बर आने से पहले और-भी कई मरम्मत के लिए रखे हैं। आप अपने जूते यहाँ छोड़ जाइए और ये दूसरे वाले आज पहन जाइए। कल आकर अपने वाले ले जाना।

ऐसी अभद्र बात सुनकर दार्शनिक भड़क उठा और बोला, मैं किसी और के जूते नहीं पहना करता।

मोची बोला, तब ठीक है। क्या आप वाकई इतने सच्चे दार्शनिक हैं कि किसी अन्य के जूते पैरों में नहीं डाल सकते? इस गली के दूसरे सिरे पर एक और मोची बैठता है। वह दार्शनिकों की बात मेरे मुकाबले अच्छी तरह समझता है। आप उससे अपने जूते मरम्मत करा लीजिए।

41

दीवार के इधर-उधर

पागलखाने के बगीचे की बात है। वहाँ मैं पीले चेहरे वाले एक नौजवान से मिला। वह प्यारा-सा अचरजभरा इन्सान था।

मैं उसके निकट बैंच पर बैठ गया। पूछा, तुम यहाँ क्यों हो?

उसने अचरजभरी नजर से मुझे देखा। बोला, यह एकदम वाहियात सवाल है लेकिन मैं इसका उत्तर जरूर दूँगा-पिताजी मुझे एकदम अपने-जैसा बनाना चाहते हैं और चाचा अपने-जैसा। माँ मुझमें नानाजी-जैसी सुप्रसिद्ध छवि देखती है। बहन को जीजाजी-जैसा समुद्री यात्राओं का शौकीन आदमी ही अनुसरण करने लायक दिखता है। मेरा भाई सोचता है कि मुझे उसके-जैसा बेहतरीन एथलीट बनना चाहिए।

मेरे अध्यापक भी डॉक्टर ऑफ फिलासफी, संगीतज्ञ, तर्कशास्त्री यानी जो वे थे मुझे बनाना चाहते थे। वे चाहते थे कि मैं मैं न रहूँ, दर्पण में नजर आता उनका बिम्ब बन जाऊँ। इसीलिए मैं यहाँ चला आया। यह जगह मुझे सुरक्षित लगती है। यहाँ मैं मैं बनकर रह सकता हूँ। फिर एकाएक वह मेरी ओर घूमा और बोला, अच्छा

बताओ, क्या तुम्हें भी शिक्षा-व्यवस्था और सलाह-मशविरों ने यहाँ धकेला है?

नहीं, मैं तो बस घूमने आया हूँ। मैंने कहा।

तो तुम इस दीवार के उस पार वाले पागलखाने में रहने वालों में से एक हो! वह बोला।

42

दो रानियाँ

शावाकिस नगर में एक राजा रहता था। हर आदमी, हर औरत, हर बच्चा उसे चाहता था। यहाँ तक कि जंगली जानवर भी उसे प्यार देखने आते थे।

लोगों का कहना था कि रानी उसे बिल्कुल भी नहीं चाहती। यही नहीं, वह उससे नफरत भी करती है।

एक दिन पड़ोसी राज्य की रानी शावाकिस की रानी से मिलने आई। वे बैठकर बातें करने लगीं। चलते-चलते बात पतियों पर आ गई।

शावाकिस की रानी ने उत्तेजित स्वर में कहा, मुझे तो पति के साथ तुम्हारे प्रसन्न रहने से चिढ़ हो रही है। शादी के इतने साल बाद भी तुम खुश हो! मुझे तो अपने पति से नफरत है। वह सिर्फ मेरा नहीं है। मैं निःसंदेह, दुनिया की सबसे दुरूखी औरत हूँ।

पड़ोसी रानी एकटक उसको देखती रह गई। बोली, सखी, सचाई यह है कि अपने पति से तुम्हें असीम प्यार है। उसके लिए तुम्हारे हृदय में अभी भी असीम पागलपन है। औरत के हृदय में अनन्त वसंत होता है। मैं और मेरे पति, असलियत यह है कि साथ रहते हुए भी एक-दूसरे को हम किसी तरह बस झेल रहे हैं और तुम और दूसरे लोग इसे प्यार समझते हो।

43

नर्तकी

बिरकाशा के दरबार में एक बार अपने साजिन्दों के साथ एक नर्तकी आई। राजा की अनुमति पाकर उसने वीणा, बाँसुरी और सारंगी की धुन पर नाचना शुरू कर दिया।

वह लौ की तरह नाची। तलवार और नेजे की तरह नाची। सितारों और नक्षत्रों की तरह नाची। हवा में झूमते फूलों की तरह नाची।

नाच चुकने के बाद वह राज-सिंहासन के सामने गई और अभिवादन में झुक गई। राजा ने उसे निकट आने का न्यौता देते हुए कहा, सुन्दरी! लावण्य और दीप्ति की मूरत!! कब से यह कला सीख रही हो? गीत और संगीत पर तुम्हारी पकड़ कमाल की है।

नर्तकी पुनः महाराज के आगे झुक गई। बोली, सर्वशक्तिमान महाराज! आपके सवालों का कोई जवाब मेरे पास नहीं है। मैं बस इतना जानती हूँ कि दार्शनिक की आत्मा उसके मस्तिष्क में, कवि की उसके हृदय में, गायक की उसके गले में वास करती है लेकिन इन सबसे अलग नर्तक की आत्मा उसके पूरे शरीर में फैली होती है।

44

निर्द्वंद्व मूषक

एक शाम एक कवि एक मजदूर से मिला। कवि रूखा था और मजदूर संकोची। फिर भी उनमें बातचीत हुई।

मजदूर ने कहा, बहुत दिन पहले सुनी एक कहानी आपको सुनाता हूँ। एक चूहा चूहेदानी में फँस गया। उसमें बन्द वह जब आराम से पनीर खा रहा था, एक बिल्ली वहाँ आ गई। चूहा एक क्षण को डर गया लेकिन जल्द ही उसकी समझ में आ गया कि वह यहाँ सुरक्षित है।

बिल्ली ने उससे कहा, तुम आखिरी बार कुछ खा रहे हो दोस्त।

जी हाँ। चूहे ने कहा, मुझे एक जिन्दगी मिली है इसलिए मौत भी एक ही मिलेगी। लेकिन तुम्हारा क्या होगा? मुझे पता चला है कि तुम्हें नौ जीवन मिले हैं। इसका मतलब क्या यह नहीं है कि तुम्हें नौ बार मरना पड़ेगा?

यों कहकर मजदूर ने कवि की ओर देखा और बोला, क्या यह अजीब कहानी नहीं हैं?

कवि ने उसे कोई जवाब नहीं दिया। वह अपने मन में यों सोचता हुआ चल दिया, वाकई, हम नौ जिन्दिगियाँ जीते हैं, बेशक नौ। तब मरना

भी हमें नौ बार ही होगा। क्या ही अच्छा होता कि हमें एक ही जीवन मिलता। पिंजरे में बन्द चूहे-सा-अन्तिम खाद्य के तौर पर पनीर के एक छोटे टुकड़े के साथ। क्या हम रेगिस्तान और जंगल के शेरों के कुनबे-वाले नहीं हैं?

45

पूँजीपति

अपनी बहुत-सी यात्राओं के दौरान एक टापू पर मैंने एक ऐसा जीव देखा जिसका सिर मनुष्य का था और पीठ लोहे की। वह बिना रुके धरती को खा रहा था और समुद्र को पी रहा था। काफी समय तक मैं उसे देखता रहा। फिर मैं उसके निकट गया और उससे बोला, क्या तुम्हें कभी पूरा खाना नहीं मिला? क्या तुम्हारी भूख कभी नहीं मिटी और प्यास कभी शान्त नहीं हुई?

जवाब में वह बोला, हाँ, मैं सन्तुष्ट हूँ। नहीं, मैं खाते-खाते और पीते-पीते थक चुका हूँ। लेकिन मुझे डर है कि कल को खाने के लिए धरती और पीने के लिए समन्दर नहीं बचेगा।

46

प्रजापीड़क

जवानी के दिनों में एक दिन मैं पहाड़ियों के पीछे स्थित एक महात्मा की वाटिका में गया। वहाँ गुणों की प्रकृति पर हम परस्पर बात कर ही रहे थे कि एक लुटेरा थकान से लँगड़ाता हुआ उस रिज पर आया। वाटिका में आकर वह महात्मा के आगे घुटनों पर झुका और बोला, महात्मा जी! मुझ पर कृपा करो। मैं अपने पापों के बोझ तले दबा जा रहा हूँ।

महात्मा ने कहा, मेरे पाप भी मुझ पर भारी हैं।

लुटेरे ने कहा, लेकिन मैं एक चोर और लुटेरा हूँ।

महात्मा ने कहा, मैं भी एक चोर और लुटेरा हूँ।

लुटेरे ने कहा, मैं हत्यारा हूँ। मारे गए लोगों की चीखें मेरे कानों में गूँजती हैं।

महात्मा ने उत्तर दिया, मैं भी एक हत्यारा हूँ और मेरे कानों में भी मारे गए लोगों की चीखें गूँजती हैं।

लुटेरे ने कहा, मैंने अनगिनत अपराध किए हैं।

महात्मा ने कहा, मेरे अपराध भी गिने नहीं जा सकते।

इस पर लुटेरा उठ खड़ा हुआ। उसने महात्मा को घूरकर देखा। उसकी आँखों में अजीब-सी चमक आ गई और फिर हमें वही छोड़कर वह उछलता-कूदता पहाड़ी से नीचे उतर गया।

मैं महात्मा की ओर मुड़ा और उनसे पूछा, आपने कब अनगिनत अपराध कर डाले? यह आदमी तुम्हारी बातों को झूठी मानकर यहाँ से गया है।

ष्यह तो सच है कि उसे मेरी बातों पर यकीन नहीं हुआ। महात्मा ने उत्तर दिया, लेकिन यहाँ से वह बहुत हल्का होकर गया है।

उसी समय हमें दूर से आता लुटेरे का गान सुनाई दियाय और उस गान से वह समूची घाटी गूँज उठी।

47

प्रेमगीत

एक कवि ने एक बार एक प्रेमगीत लिखा। यह बड़ा सुन्दर था। उसने उसकी कई प्रतियाँ तैयार कीं और अपने मित्रों व प्रशंसकों को भेज दिया। एक प्रति उसने पर्वत के पीछे रहने वाली उस युवती को भी भेजी जिससे वह सिर्फ एक बार ही मिला था।

एक या दो दिन के बाद उस युवती का पत्र लेकर एक आदमी उसके पास आया। पत्र में उसने लिखा था–मैं आपको यकीन दिला दूँ कि मुझे लिखे आपके प्रेम गीत ने मुझे विभोर कर डाला है। आओ, मेरे माता-पिता से मिलो। हम सगाई की तैयारियाँ करेंगे।

कवि ने पत्र का उत्तर लिखा-दोस्त! यह कवि के हृदय से निकला गीत था। इसे कोई भी पुरुष किसी भी स्त्री के लिए गा सकता है।

युवती ने जवाब भेजा-झूठ और पाखंड से भरी बातें लिखने वाले! आज से लेकर कब्रिस्तान जाने के दिन तक मैं कभी भी किसी कवि पर यकीन नहीं करूँगी, तुम्हारी कसम।

48

पुल बनाने वाले

अन्तायक नगर में, असी नामक नदी जहाँ सागर से मिलती है, शहर के आधे हिस्से को उसके दूसरे हिस्से से जोड़ने के लिए एक पुल बनाया गया था। इस पुल का निर्माण पहाड़ से लाई गई बड़ी-बड़ी शिलाओं को जोड़कर किया गया था जिन्हें अन्तायक के खच्चरों पर लादकर यहाँ लाया गया था।

पुल बन जाने के बाद उसके एक खम्बे पर अरबी और ग्रीक में यह खुदवाया गया गया -

इस पुल को अन्तायकस द्वितीय ने बनवाया।

तमाम जनता खूबसूरत असी नदी के ऊपर बने उस सुन्दर पुल पर चलते हुए आरपार जाने लगी।

एक शाम, कुछ-कुछ पागल किस्म का एक नौजवान, उस खम्भे पर चढ़ गया जिस पर इबारत लिखी हुई थी। उसने उस पर कालिख पोत दी और उसके ऊपर लिखा-इस पुल में इस्तेमाल किए गए पत्थर खच्चरों पर लादकर पहाड़ से नीचे लाए गए हैं। इस पर से गुजरते हुए आप उन खच्चरों की पीठ पर, जिन्होंने इसे बनाया है, पाँव रखकर गुजर रहे होते हैं।

लोगों ने जब उसकी लिखी इबारत को पढ़ा तो कुछ ने उसका मजाक उड़ाया और कुछ का मुँह खुला रह गया। कुछ ने कहा, हाँ-हाँ, हमें पता है यह किसकी करतूत है। वह थोड़ा-थोड़ा पागल नहीं है, ...।

लेकिन एक खच्चर ने दूसरे से हँसते हुए कहा, क्या तुम्हें नहीं याद कि हम ही उन पत्थरों को ढोकर लाए थे? और आज तक कहा यह जाता है कि पुल को महाराज अन्तायकस ने बनाया।

49

पवित्र नगर

बचपन में मुझे बताया गया था कि किसी नगर में हर आदमी धर्म-ग्रंथ के अनुरूप आचरण करता है।

मैंने कहा, मैं उस नगर और उसकी पवित्रता को देखना चाहूँगा।

यह काफी दूर था। मैंने यात्रा के पुख्ता इंतजाम किए। चालीस दिन की यात्रा के बाद मैं नगर के सामने जा पहुँचा। इकतालीसवें दिन मैंने उसमें प्रवेश किया।

अरे बाप रे! नगर के हर निवासी के बस एक आँख और एक हाथ था। मेरे आश्चर्य की सीमा न रही और मैंने अपने-आप से पूछा, इतने पवित्र नगर के निवासी और एक आँख, एक हाथ?

फिर मैंने देखा कि वे भी आश्चर्यचकित थे। उन्हें मेरे दो हाथों और दो आँखों वाला होने पर अचरज था।

और जब उन्होंने एक-साथ बोलना शुरू किया तो मैंने पूछा, क्या यह वाकई वही पवित्र नगर है जहाँ के निवासी धर्म-ग्रंथ के अनुरूप जीवन जीते है?

वे बोले, हाँ, यही वह नगर है।

तो मैंने कहा, तुम सबको क्या हुआ? तुम्हारी दायीं आँख और दायें हाथ कहाँ गए?

सारे-के-सारे लोग पीछे घूम गए। बोले, आप आइए और देखिए।

वे मुझे नगर के बीचोबीच एक मन्दिर में ले गए। वहाँ मैंने हाथों और आँखों का ऊँचा ढेर देखा।

वे सब-के-सब मुरझाए पड़े थे।

मैंने कहा, किस निर्दयी ने तुम पर यह जुल्म ढाया है?

उनके बीच फुसफुसाहट शुरू हो गई। उनमें से एक बुजुर्ग आगे आया और बोला, यह स्वयं हमने किया है। ईश्वर ने हमें हमारे भीतर छिपी बुराइयों पर विजय पाने वाला बनाया है। यह कहकर वह मुझे एक ऊँची धर्मशिला पर ले गया। बाकी सब उसके पीछे चले। उसने उस शिला पर खुदी एक इबारत मुझे दिखाई। मैंने पढ़ा-अगर तेरी दाईं आँख अपराध करती है, तो उसे बदन से निकाल फेंक। यह तेरे लिए फायदे का सौदा है क्योंकि इस तरह तू अपने एक दुश्मन को नष्ट कर देगा और तेरा पूरा शरीर नर्क में जाने से बच जाएगा और अगर तेरा दायाँ हाथ अपराध करता है तो इसे काट डाल और शरीर से अलग कर दे। यह तेरे लिए फायदे का सौदा है क्योंकि इस तरह तू अपने एक दुश्मन को नष्ट कर देगा और तेरा पूरा शरीर नर्क में जाने से बच जाएगा।

अब मेरी समझ में आया। मैं उन सबकी ओर घूमा और चिल्लाया, क्या तुममें एक भी आदमी दो आँखों और दो बाँहों वाला नहीं है?

उन्होंने जवाब दिया, नहीं, एक भी नहीं। केवल वे बचे हैं जो अभी बहुत छोटे हैं और इस इबारत को पढ़ने और इसके आदेश को समझने लायक नहीं हुए हैं।

और जब हम उस मन्दिर से बाहर आए, मैं उस पवित्र नगर से निकल भागा क्योंकि मैं उतना छोटा नहीं था और उस इबारत को पढ़ भी सकता था।

50

पहेली

दो हजार साल पहले, लेबनान के एक ढलान पर दो दार्शनिक मिले। एक ने पूछा, कहाँ जा रहे हो?

दूसरे ने उत्तर दिया, मैं जवानी के झरनों की खोज में लगा हूँ। मुझे पता है कि उनका स्रोत इन पहाड़ों के बीच से फूटता है। मैंने कुछ ऐसे लेखों को ढूँढ़ निकाला है जिनमें लिखा है कि झरनों के मुँह सूरज की ओर खुलते हैं। तुम सुनाओ, तुम किस खोज में हो?

पहले ने कहा, मैं मौत का रहस्य जानने में लगा हूँ।

दोनों दार्शनिक इस नतीजे पर पहुँचे कि दूसरा उसके मुकाबले बहुत पिछड़ा हुआ है। फिर उन्होंने परस्पर झगड़ना और एक-दूसरे पर आध्यात्मिक अंधेपन का आरोप लगाना शुरू कर दिया।

जब उनके झगड़े ने शोर का रूप धारण कर लिया, तब उधर से गुजरता सीधा-सादा एक अजनबी ग्रामीण वहाँ रुक गया और उनकी गाली-गलौज को सुनने लगा।

फिर वह उनके नजदीक गया और बोला, सज्जनो, मुझे लगता है कि आप दोनों दर्शन के एक ही स्कूल की उपज हैं। अलग-अलग शब्दों में आप एक ही बात बोले जा रहे हैं। आप में से एक जवानी के झरने की

खोज में है और दूसरा मौत के रहस्य की। दोनों ही चीजें एक हैं और क्योंकि एक हैं इसलिए तुम दोनों में मौजूद हैं। अच्छा, अलविदा! अपनी बात कहने के बाद यह कहते हुए वह वहाँ से चल दियाय जाते-जाते धीमी हँसी भी हँसा।

दोनों दार्शनिक एक पल को सन्न खड़े रह गए। फिर वे भी हँस पड़े। उनमें से एक बोला, अच्छा, क्या हमें खोज का काम अब साथ-साथ नहीं करना चाहिए?

51

पागल

आप पूछते हैं कि मैं पागल कैसे हुआ? हुआ यों कि

बहुत समय पहले, देवता भी जब पैदा नहीं हुए थे, एक सुबह मैं गहरी नींद से जाग उठा। मैंने देखा कि मेरे सारे मुखौटे चोरी हो गए हैं। सात मुखौटे जिन्हें में सात जनमों से पहनता आ रहा था। बिना किसी मुखौटे के जोरों से चिल्लाता हुआ मैं भीड़भरी गलियों में दौड़ने लगा-चोर! चोर !!

लोग मुझ पर हँसने लगे। कुछ मुझसे डरकर अपने घरों में घुस गए।

जब मैं बाजार में पहुँचा तो अपने घर की छत पर खड़ा एक नौजवान चिल्लाया-देखो वह पागल है।

उसकी झलक पाने के लिए मैंने ऊपर की ओर देखा। सूरज की किरणों ने उस दिन पहली बार मुखौटाहीन मेरे नंगे चेहरे को चूमा। मेरी आत्मा सूरज के प्रति प्रेम से दमक उठी। मुखौटों का ख्याल मेरे जेहन से जाता रहाय और मैं जैसे विक्षिप्त-सा चिल्लाया-सुखी रहो, सुखी रहो मेरे मुखौटे चुराने वालो!

इस तरह मैं पगल हो गया।

और अपने इस पागलपन में ही मैंने आजादी और सुरक्षा पाई हैं। अकेला रह पाने की आजादी और पहचान बना लेने के अहसास से मुक्ति। वे, जो हमें पहचानते हैं, कुछ-न-कुछ गुलामी हममें बो देते हैं।

लेकिन मुक्ति के इस अहसास पर मुझे घमण्ड नहीं करना चाहिए। जेल में पड़ा एक चोर भी बाहर रहने वाले दूसरे चोर से सुरक्षित रहता है।

52

पारखी

एक किसान को अपने खेत में एक बेहद खूबसूरत मूर्ति दबी मिली। बेचने के लिए वह उसे पुरानी वस्तुओं के एक संग्रहकर्ता के पास ले गया। संग्रहकर्ता ने अच्छी कीमत देकर उस मूर्ति को खरीद लिया।

धन लेकर आदमी अपने घर की ओर चल दिया। रास्ते में वह सोचने लगा-इतने रुपयों से कितनी ही जिन्दगी कट जाएगी! समझ में नहीं आया कि कोई आदमी हजारों साल तक जमीन में दबी पड़ी रही एक मूर्ति के लिए इतना धन कैसे दे सकता है?

उधर, संग्रहकर्ता उस मूर्ति को निहार रहा था। वह सोच रहा था–क्या सुन्दरता है! एकदम जीवन्त!! स्वप्न-जैसी दिव्य!!! हजार सालों से सोई पड़ी सहज मुखाकृति। कोई कैसे इतनी खूबसूरत चीज को केवल कुछ रुपयों के बदले बेच सकता है? केवल मुर्दा और स्वप्नहीन आदमी ही ऐसा कर सकता है।

53

पोशाक

सुन्दरता और भद्दापन एक दिन सागर किनारे मिल गए। आपस में बोले-चलो, नहाते हैं।

उन्होंने कपड़े उतारे और पानी में उतर गए।

कुछ देर बाद भद्दापन किनारे पर आया। उसने सुन्दरता के कपड़े पहने और चला गया।

सुन्दरता भी सागर से बाहर आई। उसे अपने कपड़े नहीं मिले। अपने नंगेपन पर उसे शर्म आने लगी। इसलिए उसने भद्दापन के कपड़े उठाए और पहनकर अपने रास्ते चली गई।

उसी दिन से लोग दूसरे-जैसा दिखने की गलती करते हैं।

अब, कुछ लोग हैं जिन्होंने सुन्दरता की नकल कर ली है। वे उसकी वास्तविकता को, उसकी पोशाक के झूठ को नहीं जानते। कुछ ऐसे भी हैं जो भद्देपन को पहचानते हैं। सुन्दर पोशाक उसको पहचानने से नहीं रोक सकती।

54

बेचारा बाज

अबाबील (एक नन्ही-सी काली चिड़िया) और भारी-भरकम बाज एक ऊँचे पहाड़ की चोटी पर मिल गए।

सुबह की नमस्ते महोदय! अबाबील ने कहा।

बाज ने गरदन झुकाकर उसे देखा और रूखेपन से कहा, नमस्ते।

इस पर अबाबील बोला, उम्मीद करता हूँ कि सब ठीक-ठाक है सर।

ऐ, बाज बोला, हमारे साथ तो सब ठीक-ठाक ही रहना है। पक्षियों के राजा हैं हम-नहीं जानते? आगे से, जब तक खुद न बोलें, हम से कुछ पूछने की हिम्मत न करना।

मेरा मानना है कि हम एक ही कुल के हैं। अबाबील ने कहा।

बाज ने तिरस्कार भरी नजरों से उसे देखा और बोला, कौन कहता है कि तू और हम एक ही कुल के हैं?

आपको बता दूँ कि मैं आपकी तरह ऊँचा उड़ सकता हूँ। अबाबील बोला, इसके अलावा गा भी सकता हूँ। धरती के प्राणियों को अपने गाने से सुख और उल्लास प्रदान कर सकता हूँ। आप उन्हें यह नहीं दे सकते।

बाज को गुस्सा आ गया। बोला, सुख और उल्लास! अहंकारी जीव! चोंच की एक टक्कर से तुझे मार डालूँगा, समझा! मेरे एक पैर से बड़ा नहीं है तू।

अबाबील उड़ा और बाज की पीठ पर जा बैठा। वह उसके पंख नोचने लगा।

बाज भुनभुना उठा। वह तीर की तरह ऊपर को उड़ा ताकि उस छोटे पंछी को अपनी पीठ से गिरा दे। लेकिन ऐसा कर न सका। आखिरकार वापस पहाड़ की उसी चोटी पर आ बैठा। पीठ पर सवार पिद्दी-से परिंदे पर और उससे मुँह लगने के अपने बुरे वक्त पर वह हद से ज्यादा चिढ़ा हुआ था।

उसी समय एक नन्हीं फाख्ता वहाँ आ बैठी और यह नजारा देखकर इतनी जोर से हँसी कि उसकी गरदन ही पीछे को झुक गई।

बाज ने उसे देखा और बोला, दुनियाभर में सबसे धीमा उड़ने वाले कीड़े, क्या देखकर तू इतनी जोर से हँस रहा है?

यही देखकर कि बित्ते-भर की एक चिड़िया तुम पर सवारी गाँठ रही है। फाख्ता बोली।

तू अपना रास्ता नाप। बाज बोला, यह मेरे और मेरे अबाबील भाई के बीच घर का मामला है।

55

बहरी बीवी

एक रईस था। उसकी एक जवान बीवी थी, जो पूरी तरह बहरी थी।

एक सुबह, जब वे नाश्ता कर रहे थे, बीवी ने कहा, कल मैं बाजार गई थी। वहाँ दमाकस की सिल्की पोशाकें, भारत के परदे, फारस के नेकलेस और यमन के ब्रेसलेट्स की नुमाइश लगी थी। लगता है कि कोई कारवाँ इन चीजों को हमारे शहर में लाया है। जरा मेरी ओर देखो। कहने को तो मैं एक बड़े आदमी की बीवी हूँ लेकिन हूँ फटेहाल। मुझे उन कीमती चीजों में से कुछ चाहिए।

कॉफी पीते हुए पति ने कहा, बेगम, क्या तुम्हें कभी रोका है? तुम बाजार जाओ और जो चाहिए खरीद लाओ।

बहरी बोली, नहीं!! तुम हमेशा नहीं, नहीं ही बोलते हो। क्या मुझे अपने रिश्तेदारों और तुम्हारे मेहमानों के बीच इस खस्ताहाल में जाना-आना चाहिए?

पति ने कहा, मैंने ना नहीं कहा। तुम दौड़कर बाजार जाओ, खूबसूरत से खूबसूरत ज्वेलरी की खरीदारी करो और वापस अपने शहर लौट आओ।

लेकिन बीवी ने उसकी बातों का फिर गलत मतलब निकाला और बोली, जितने भी रईस हैं, उनमें सबसे ज्यादा कंजूस तुम हो। मुझ पर फबने वाली तुम हर चीज को मना कर देते हो जबकि मेरी उम्र की दूसरी औरतें बन-ठन कर शहर के पार्कों में घूमती हैं। यों कहकर उसने रोना शुरू कर दिया। आँखों से निकलकर उसके आँसू उसकी छातियों पर गिरने लगे। वह चीखने-चिल्लाने लगी, मैं जब भी कोई कपड़ा-गहना माँगती हूँ, आप नही, नहीं बोलने लगते हैं।

तब पति उठा। अपने पर्स में से उसने मुट्ठी भरकर सोने के सिक्के निकाले और उसके सामने रख दिए। वह बोला, बाजार जाओ मेरी जान और जो चाहो खरीद लाओ।

उस दिन के बाद, उसकी बहरी बीवी को जब भी कुछ चाहिए होता, वह आँखों से मोती टपकाती उसके सामने जा खड़ी होती और वह बिना कुछ बोले मुट्ठीभर सोने के सिक्के उसकी झोली में डाल देता।

अब, होता यह है कि जवान औरतें जो ऐसे नौजवानों के प्यार की गिरफ्त में हैं, लम्बे समय तक टिक जाती हैं और जब भी वह अपना हाथ खींचता है, वे कोपभवन में जाकर टसुए बहाना शुरू कर देती हैं।

बीवी को टसुए बहाता देख वह मन में सोचता है, जरूर कोई नया कारवाँ शहर में आया है और मुहल्ले में जरूर कुछ सिल्की पोशाकें और ज्वेलरी दिखाई दे गई हैं।

वह जाता है, मुट्ठीभर सोने के सिक्के लाता है और बीवी की गोद में डाल देता है।

56

बाजार

एक आदमी के बाग में अनार के बहुत-से पेड़ थे। फसल के दिनों में हर साल वह चहारदीवारी के बाहर चाँदी की एक ट्रे में अनार रख देता। उस ट्रे पर वह स्वयं लिखता-आपका स्वागत है। नमूने के तौर पर एक बार अवश्य चखें।

लेकिन लोग आते और बिना फल उठाए वहाँ से गुजर जाते।

इस पर, उस आदमी ने मन में कुछ विचार किया। आगामी साल उसने बाग की चारदीवारी के बाहर चाँदी की ट्रे में एक भी अनार न रखा। लेकिन मोटे-मोटे अक्षरों में यह जरूर लिखा-यहाँ इलाके के सबसे उत्तम अनार पैदा होते हैं और इसीलिए उन्हें हम औरों की अपेक्षा कुछ महँगा बेचते हैं।

और बस, आसपास के इलाकों के लोग उन्हें खरीदने को टूट पड़े।

57

भाई-भाई

ऊँचे पर्वत पर चकवा और गरुड़ की भेंट हुई। चकवा बोला, ''शुभ प्रभात, श्रीमान!''

गरुड़ ने उसकी ओर देखा और रुखाई से कहा, ''ठीक हैठीक है।'' चकवे ने फिर बात शुरू की, ''आशा है, आप सानन्द हैं। ''

गरुड़ ने कहा, ''हाँ, हम मजे में हैं पर तुम्हें मालूम होना चाहिए कि तुम पक्षियों के राजा से बात कर रहे हो। जब तक हम बात शुरू न करें तुम्हें हमसे बात शुरू करने की गुस्ताखी नहीं करनी चाहिए।''

चकवे ने कहा, ''मेरे ख्याल से हम दोनों एक ही परिवार से हैं।''

गरुड़ ने आखें निकालकर घृणा से उसकी ओर देखा, ''किस बेवकूफ ने कह दिया कि हम एक ही परिवार से हैं?''

तब चकवे ने कहा, ''मैं आपको याद दिला दूँ कि मैं आपके समान ऊँचा उड़ सकता हूँ। इसके अलावा मैं अपने सुमद्दुर गीतों से दूसरों का मनोरंजन भी कर सकता हूँ। आप किसी को भी सुख और खुशी नहीं दे सकते।''

इस पर गरुड़ ने क्रोधित होते हुए कहा, ''सुख और खुशी! अबे ढीठ, मैं अपनी चोंच की एक चोट से तेरा काम तमाम कर सकता हूँ। तू तो मेरे पैर जितना भी नहीं है।''

चकवा उड़कर गरुड़ की पीठ पर जा बैठा और उसके पंख नोचने लगा। गरुड़ भी गुस्से में था, उससे पिण्ड छुड़ाने के लिए वह तेजी से काफी ऊँचाई तक उड़ता चला गया। लेकिन उसका बस नहीं चला। हारकर वह फिर उसी चट्टान पर आ गया। चकवा अब भी उसकी पीठ पर सवार था। गरूड़ उस घड़ी को कोस रहा था, जब वह उस तुच्छ पक्षी से उलझ पड़ा था।

तभी एक कछुआ वहां आ निकला। गरुड़ और चकवे की हालत देखकर उसे हँसी आ गई। वह हँसते-हँसते लोट-पोट हो गया।

गरुड़ ने कछुए की ओर देखकर कहा, ''पृथ्वी पर रेंगने वाले कीड़े, हँसता क्यों है?''

कछुए ने कहा, ''क्या यह हँसने की बात नहीं है कि आपको घोड़ा बनाकर एक छोटासा पक्षी आपकी पीठ पर सवारी कर रहा है।''

गरुड़ ने कहा, ''अबे जा, अपना काम कर। यह तो मेरे भाई चकवे का और मेरा घरेलू मामला है।''

58

भौतिक-अभौतिक

एक औरत और एक मर्द खिड़की के सहारे बैठे थे जो वसंत की ओर खुली थी। वे एक-दूसरे से सटे बैठे थे।

औरत ने कहा, मैं तुम्हें प्यार करती हूँ। तुम सुन्दर हो। धनी हो। हर परिस्थिति में जुझारू हो।

मर्द बोला, मैं तुमसे प्यार करता हूँ। तुम एक खूबसूरत विचार हो। ऐसी चीज हो जो हाथ में थामी नहीं जा सकती। तुम मेरा स्वप्नगीत हो।

लेकिन औरत उससे नाराज हो गई। वह बोली, सर, प्लीज अब मेरा पीछा छोड़िए। मैं कोई विचार नहीं हूँ और न ही मैं आपके सपनों में आने वाली कोई चीज हूँ। मैं एक औरत हूँ। मैं चाहूँगी कि आप मुझे अपनी पत्नी और अजन्मे बच्चों की माँ के रूप में देखें।

दोनों अलग हो गए।

मर्द ने अपने हृदय में कहा, धीरज रखो। अभी दूसरा सपना भी समाप्त होने वाला है।

तथा औरत कह रही थी, उस आदमी का क्या करना जिसने मुझे कोहरे और सपने में बदल डाला हो?

59

मेढ़क

गर्मी के दिनों में एक मेढ़क ने अपनी साथिन से कहा, मुझे लगता है। किनारे वाले उस मकान के लोग हमारे रात्रि-गान से परेशान रहते हैं।

उत्तर में साथिन ने कहा, वे भी तो दिनभर बातें करते रहकर हमारी शान्ति भंग करते हैं।

मेढ़क ने कहा, मत भूलो कि रात में हम जरूरत से ज्यादा ही टर्राते हैं।

यह भी नहीं भूलना चाहिए कि वे भी दिनभर कुछ ज्यादा ही चटर-पटर और धूम-धड़ाका करते हैं। साथिन ने उत्तर दिया।

वो मोटा मेढ़क, जो दुनियाभर को भारी-भरकम टर्राहट से हिलाकर रख देता है, उसके बारे में क्या कहना है? मेढ़क ने पूछा।

राजनेताओं, पुजारियों और वैज्ञानिकों द्वारा इस किनारे पर आकर यहाँ की आबोहवा को शोर-शराबे से भर देने के बारे में जो तुम्हारा कहना है, वही उसके बारे में मेरा कहना है। साथिन ने जवाब दिया।

ठीक है, लेकिन हमें मनुष्यों से बेहतर बनना चाहिए। हमें चाहिए कि हम रात में चुप रहें और टर्राहट को अपने सीनों में दबाए रखें। भले

ही चन्द्रमा हमें उकसाए या तारे हमसे गाने की गुजारिश करें। हमें कम-से-कम एक या दो या तीन रातों तक तो शान्ति बनाए ही रखनी चाहिए। मेढ़क ने कहा।

इस पर साथिन बोली, मैं सहमत हूँ। देखते हैं कि तुम्हारा विशाल हृदय क्या करिश्मा करता है?

उस रात सारे मेढ़क शान्त रहे। आगामी रात भी वे शान्त रहे। तीसरी रात भी वे नहीं टर्राए।

और फिर, गजब की बात हुई। झील के किनारे वाले मकान में रहने वाली बातूनी औरत जब तीसरी सुबह नाश्ते के लिए नीचे आई, तो चीखते स्वर में अपने पति से बोली, तीन रातों से सो नहीं पाई हूँ। मेढ़कों की टर्र-टर्र के बीच गजब की नींद आती थी। लेकिन कुछ-न-कुछ हुआ जरूर है। तीन रातों से वे जरा भी नहीं टर्राए। नींद न आने से मैं तो पगला ही गई हूँ।

मेढ़क ने यह सुना। वह साथिन की ओर घूमा और आँखें मिचमिचाते हुए बोला और हम चुप रहकर पगला गए हैं। है न?

हाँ, साथिन ने कहा, रात की खामोशी हम सब पर भारी थी और मैं समझती हूँ कि उन लोगों के लिए, जिन्होंने शोर को ही अपने खालीपन को भरने का साधन बना लिया है, हमें अपना गाना त्यागने की जरूरत नहीं है।

और उस रात न तो उनका सुर सुनने की चन्द्रमा की प्रार्थना बेकार गई और न ताल सुनने की सितारों की।

60

मुर्दों का शहर

अपने-आप को भीड़-भाड़ से निकालकर मैं कल एक पहाड़ी पर ले गया। कुदरत ने उसे नया परिधान पहनाया था। मैं वहाँ पहुँचकर साँस ले पाया।

मैंने पीछे देखा। शहर खूबसूरत मस्जिदों, भव्य महलों और दुकानों के धुएँ में अटा पड़ा था।

मैं मनुष्य की आमद के उद्देश्य के बारे में सोचने लगा। लेकिन सिर्फ इसी नतीजे पर पहुँच सका कि उसकी जिन्दगी का ज्यादातर हिस्सा संघर्षों और कठिनाइयों में बीत जाता है। अंततः मैंने आदम की औलाद पर सिर खपाना छोड़ दिया। अपना ध्यान मैदान पर केन्द्रित किया जो ईश्वर का दिव्य सिंहासन है। मैदान के एक एकांतिक कोने में मुझे पोपलर के पेड़ों से घिरी एक कब्रगाह दिखाई दी।

जीवितों और मुर्दों के शहर के बीच उस जगह पर खड़े मैंने अपने-आप को एकाग्र किया। पहले मैंने आन्तरिक शान्ति के बारे में सोचाय उसके बाद, अंतहीन पीड़ा के बारे में।

जीवितों के शहर में मैंने आशा और निराशा, प्रेम और घृणा, खुशी और गम, संपन्नता और गरीबी, विश्वास और धोखे को देखा।

मुर्दों के शहर में, जहाँ जमीन के नीचे मिट्टी दबी पड़ी है। रात के सन्नाटे में कुदरत जिसे पादपों में तब्दील कर देती है। ये पादप चौपायों के पेट में जाते हैं और वहाँ से मनुष्यों के पेट में। जब मेरा मस्तिष्क यह सब सोच रहा था, समान रूप से धीमी गति में चलता एक जुलूस मुझे दिखाई दिया। उसके साथ उदास धुन आकाश में बिखेरते बाजे वाले भी थे। यह एक भव्य शवयात्रा थी। जीवित लोग शव के पीछे-पीछे चल रहे थे। वे रो रहे थे और मरने वाले से अपनी गलतियों के लिए क्षमा माँग रहे थे। शवयात्रा जब प्रार्थना-स्थल पर पहुँची, पादरी ने प्रार्थना करना और अगरबत्तियाँ जलाना शुरू कर दिया। बाजे वालों ने बाजों को जोर से बजाया, तोड़कर फेंका और जाने के लिए वापस घूम लिए। उसके बाद, मुख्य लोग एक-एक कर आगे आये और बेहतरीन शब्दों में श्रद्धांजलि देते गये।

अंत में, शव को कीमती फूलमालाओं को लपेटकर सजाए हुए एक बहुत बड़े गुम्बद के नीचे छोड़कर भीड़ चली गई।

शवयात्रा से लौटे लोग शहर में पहुँचे। मैं वहीं पर खड़ा उन्हें दूर तक देखता रहा। उस समय जब सूरज क्षितिज में गोता लगाने की तैयारी कर रहा था और कुदरत नींद की देवी का स्वागत करने की तैयारी करने लगी थी, मैं मन-ही-मन अपने-आप से बातें करने लगा।

तभी मैंने दो लोगों को लकड़ी के एक भारी-भरकम बक्से को सिर पर लादे आते देखा। उनके पीछे एक कृशकाय औरत अपनी गोद में एक बालक को लिए आ रही थी। सबसे पीछे एक कुत्ता था। पथराई-सी आँखों से पहले उसने औरत को घूरा, फिर बक्से को।

यह एक गरीब की शवयात्रा थी। मौत का यह मेहमान अपने पीछे एक मजबूर बीवी, उसका दुःख बाँटने को एक दुधमुँहा बच्चा और एक स्वामीभक्त कुत्ता छोड़ गया था जिसका हृदय अपने मालिक की मौत से विदीर्ण था।

दफन करने की जगह पहुँचकर बक्से को उन्होंने फुलवारियों और मार्बल पत्थरों से बनी कब्रों से दूर एक गड्ढे में उतार दिया। कुत्ते ने

अन्तिम बार अपने दोस्त की कब्र को देखा। उसके बाद वे लोग नीचे उतरकर पेड़ों के पीछे गुम हो गये।

मैंने जीवितों के शहर की ओर देखा और अपने-आप से कहा-वहाँ बहुत कम लोग हैं। फिर मैंने मुर्दों के छोटे-से शहर को देखा और कहा-उस शहर में भी कम ही लोग हैं। हे ईश्वर! स्वर्ग कहाँ है, जहाँ सब रह सकें?

जैसे ही यह कहा, मैंने बादलों की ओर देखा। वे सूरज की लम्बी और खूबसूरत सुनहरी किरणों से दमक रहे थे। उस पल मुझे अपने अन्दर से आवाज आई-वहाँ है।

61

मुश्किल काम

नगर के मुख्यद्वार पर एक शाम दो फरिश्ते मिले। परस्पर अभिवादन के बाद वे यों बतियाने लगे -

इन दिनों तुम क्या रहे हो और कौन-सा काम तुम्हें सौंपा गया है?

मुझे एक गिरे हुए आदमी की देखभाल का जिम्मा सौंपा गया है जो नीचे, घाटी में रहता है। बड़ा पापी है। एकदम नीच। यह बड़ा मुश्किल काम है लेकिन मैं तुम्हें यकीन दिलाता हूँ कि इस जरूरी काम को मैं कर डालूँगा।

पहले ने कहा, यह मुश्किल नहीं है। मेरा वास्ता पापियों से पड़ता रहा है। मैं बहुत बार उनका खैरख्वाह बना हूँ। लेकिन इस बार मुझे एक अच्छे सन्त का खैरख्वाह बनने का काम सौंपा गया है। वह सामने वाले कुंज में रहता है। मैं तुम्हें यकीन दिलाता हूँ कि इस मुश्किल जिम्मेदारी को बड़ी चतुराई से निभाऊँगा।

यह निरी कल्पना है। किसी सन्त का खैरख्वाह बनना किसी पापी का खैरख्वाह बनने से ज्यादा मुश्किल कैसे हो सकता है? पहले ने पूछा।

मेरी बात को कल्पना कहना अशिष्टता है। जो कुछ भी मैंने कहा है, सच है। मैं कहता हूँ कि काल्पनिक तुम्हारी बात है। दूसरे ने कहा।

इस पर दोनों में झगड़ा हो गया। पहले वे जुबानी लड़े फिर हाथापाई पर उतर आए।

तभी उनसे सीनियर एक फरिश्ता उधर आ निकला। उसने दोनों को रोका और बोला, क्यों झगड़ रहे हो? क्या तुम नहीं जानते कि खैरख्वाह फरिश्तों का नगर के द्वार पर झगड़ना नियम-विरुद्ध है? हुआ क्या, मुझे बताओ।

तब दोनों फरिश्ते एक-साथ बोलने लगे। दोनों अपने-अपने काम को मुश्किल अपने-आप को बड़ा सिद्ध करने लगे।

सीनियर फरिश्ते ने अपना सिर हिलाया और सोचने लगा। फिर बोला, दोस्तो! मैं नहीं कह सकता कि सम्मानित और अलंकृत होने का दावा तुममें से किसका ज्यादा मजबूत है। लेकिन तुम दोनों के बीच शान्ति की बहाली के लिए मैं अपने एक अधिकार का प्रयोग कर सकता हूँ। वो ये कि मैं तुम दोनों को सौंपे गए काम अदल-बदल कर देता हूँ। अब आप शान्तिपूर्वक अपना-अपना काम करें और खुश रहें।

यह आदेश पाकर दोनों फरिश्ते अपने-अपने रास्ते चले गए। जलती हुई आँखों से वे दोनों पीछे मुड़कर सीनियर फरिश्ते को घूरते जाते थे। दोनों ही अपने दिल में कह रहे थे-ओह, ये सीनियर फरिश्ते! बैठे-बिठाए ये हम जूनियर्स का जीवन दूभर बना डालते हैं।

सीनियर फरिश्ता अपनी जगह पर खड़ा था। वह मन-ही-मन कह रहा था–हमें निश्चित रूप से इन फरिश्तों पर कड़ी नजर रखनी चाहिए।

62

महल और झोपड़ी

पहला भाग

जैसे ही अंधेरा घिरा और महल में बत्तियाँ झिलमिलाईं, नौकर उठ खड़े हुए और आने वाले मेहमानों के इंतजार में मुख्य दरवाजे की ओर ताकने लगे। उनकी मखमली पोशाकों पर सोने के बटन चमक रहे थे।

खूबसूरत पालकियों को महल के पार्क में लाया गया। राजपुरुष उनमें से उतरे। उन्होंने बेशकीमती रत्नजड़ित पोशाकें पहन रखी थीं। वाद्यों ने रोमांसभरी तान वातावरण में बिखेर दी। सभी भद्रजन संगीत की धुन पर थिरकने लगे।

आधी रात के वक्त, दुर्लभ फूलों से सजी सुन्दर मेजों पर अत्यंत स्वादिष्ट और सुगंधित भोज्य परोसे गए। आगन्तुकों ने बेरोक पी जब तक कि शराब ने अपना असर दिखाना शुरू कर दिया। और भरपेट खाया। भरी-पूरी लंबी रात खाना-पीना दबादब पेट में ठूँसने के बाद उन सबके बदन भारी हो चले थे। अलस्सुबह, वह भीड़ चीखती-चिल्लाती विदा हुई। अपने-अपने घर पहुँचकर वे सब-के-सब बेहोशी के आगोश में चले गये।

दूसरा भाग

दूसरी ओर, बोझिल श्रम से थका एक आदमी अपने छोटे-से घर के बाहर जा खड़ा हुआ। उसने दरवाजे पर दस्तक दी। जैसे ही दरवाजा खुला, वह उसमें घुस गया और चहकता हुआ घरवालों से जा लिपटा। फिर वह अपने बच्चों के बीच बैठा जो आग के चारों ओर बैठे थे। इसी बीच उसकी पत्नी ने खाना बनाया और लकड़ी की मेज पर सजा दिया। सबने साथ बैठकर खाना खाया। खाना खा चुकने के बाद वे लालटेन को घेरकर बैठ गए और दिनभर की घटनाओं पर बतियाने लगे। रात जब एक पहर बीत गई, सब चुपचाप खड़े हुए और रात्रि-देवता की स्तुति की। सुखी जीवन के लिए उन्होंने ईश्वर का धन्यवाद किया।

63

माँ बनने का सुख

एक सीप ने पड़ोसी सीप से कहा, मुझे बड़ा तेज दर्द महसूस हो रहा है। कोई भारी और गोल चीज है। मेरा दम निकला जा रहा है।

दूसरी सीप ने अभिमानपूर्वक कहा, ईश्वर को और सागर को लाख-लाख धन्यवाद। मुझे किसी प्रकार का दर्द नहीं है। मैं बाहर और भीतर दोनों ओर से ठीक-ठाक हूँ।

उसी समय एक केकड़ा वहाँ से गुजर रहा था। उसने उन दोनों की बातचीत सुनी। उसने बाहर-भीतर से स्वस्थ सीप से कहा, बेशक, तुम पूरी तरह ठीक हो। लेकिन जिस दर्द को तुम्हारी पड़ोसिन झेल रही है, वह अत्यन्त सुन्दर एक मोती है।

64

मायाजाल

एक दिन आँख ने कहा, इन घाटियों के उस पार नीले कोहरे में लिपटा एक पहाड़ मुझे नजर आ रहा है। क्या यह सुन्दर नहीं है?

कान ने सुना और कुछ देर कान-लगाकर सुनने के बाद बोला, पहाड़ कहाँ है? मुझे तो उसकी आवाज नहीं आ रही।

फिर हाथ बोला, इसे महसूस करने या छूने की मेरी कोशिशे बेकार जा रही हैं। मुझे कोई पहाड़ नहीं मिल रहा।

नाक ने कहा, मुझे तो किसी पहाड़ की गंध नहीं आ रही।

तब आँख दूसरी ओर घूम गई। वे सब-के-सब आँख के अचरजभरे मायाजाल पर बात करने लगे। बोले, आँख के साथ कुछ घपला जरूर है।

65

मौन-आचार

अरादस राज्य के बड़े-बूढ़े एक बार दरबार में हाजिर होकर अपने राजा से मिले। उन्होंने उससे गुजारिश की कि राज्य के निवासियों पर किसी भी प्रकार की शराब पीने या नशा करने पर रोक लगाने सम्बन्धी आदेश जारी किया जाय।

राजा मौनपूर्वक पीछे मुड़ा और उन पर हँसता हुआ बाहर चला गया।

हताश होकर बुजुर्ग लौट चले।

राजमहल के दरवाजे पर उनकी मुलाकात राज्य के प्रधानमन्त्री से हो गई। उसने देखा कि वे सब परेशान थे। उसने उनकी परेशानी को समझा और बोला, दुखी न हो। दोस्तो! क्या आपने महाराज को नशे में देखा? नहीं न। उन्होंने निश्चित रूप से आपकी अपील मान ली है।

66

यथार्थवादी

मेज पर रखे शराब के एक बर्तन के चारों ओर चार कवि बैठे थे।

पहला कवि बोला, कल्पना की अपनी तीसरी आँख से मैं देख रहा हूं कि इस शराब की गन्ध इस तरह वायुमंडल में फैल रही है जैसे चिड़ियों का बादल जादूभरे जंगल में फैलते हैं।

दूसरे कवि ने अपना सिर उठाया। बोला, अपने आन्तरिक कानों से मैं उन चिड़ियों की चहक सुन सकता हूँ। उनका गान इस तरह मेरे हृदय में बैठता जा रहा है जैसे शहद की मक्खी को सफेद गुलाब अपनी पंखुड़ियों में बन्द कर लेता है।

तीसरे कवि ने अपनी आँखें बन्द कर लीं। उसने अपनी बाँहें ऊपर उठाईं और बोला, मैं अपने हाथों से उन्हें छू रहा हूँ। मुझे उनके पैरों का आभास हो रहा है। ऐसा लग रहा है जैसे किसी परी की साँसें मेरी उँगलियों को सहला रही हों।

तब चौथा कवि खड़ा हुआ। उसने बर्तन को उठाया और बोला, मुझे दुःख है दोस्तो! मेरी न नजर ठीक है न कान और न स्पर्शिकाएँ। मैं शराब की गन्ध को देख नहीं सकता, न इसके गीत को सुन सकता हूँ और न ही इसके परों की छुअन को महसूस कर सकता हूँ। मैं सिर्फ शराब को

महसूस कर सकता हूँ। इसलिए, अब मैं इसको पी रहा हूँ ताकि यह मेरी इन्द्रियों को जाग्रत करके आप जितनी ऊँचाई प्रदान कर दे।

इतना कहकर उसने बर्तन को होंठों से लगाया और आखिरी बूँद तक सारी शराब को पी गया।

तीनों कवि, मुँह बाए, अपलक उसे देखते रह गए। उनकी आँखों में प्यास थी लेकिन काव्यहीन नफरत लिए हुए।

67

युद्ध और छोटे देश

एक बार, ऊँचे पहाड़ पर स्थित एक चरागाह में एक भेड़ और एक मेमना चर रहे थे। वहीं बहुत भूखी एक चील उस मेमने पर नजर गड़ाए ऊपर चकरा रही थी और ऐन उस वक्त, जब वह अपने शिकार पर झपटने के लिए डुबकी लगाने वाली थी, उतनी ही भूखी एक अन्य चील भेड़ और उसके बच्चे पर झपट पड़ी। बस, दोनों प्रतिद्वंदियों में युद्ध छिड़ गया और उनकी भयावह चीखों से आसमान गूँज उठा।

भेड़ ने ऊपर देखा। वह बेहद डर गई और अपने बच्चे से बोली

कितनी अजीब बात है मेरे बच्चे, कि ये दो बहादुर पक्षी आपस में लड़ रहे हैं। इतना बड़ा आसमान क्या इनके लिए छोटा है? दुआ करो, अपने दिल में दुआ करो मेरे बच्चे कि ईश्वर तुम्हारे इन पंखों वाले भाइयों के बीच शान्ति कायम करे।

और मेमना अपने दिल में प्रार्थना करने लगा।

68

युद्ध और शांति

धूप सेंकते हुए तीन कुत्ते आपस में बात कर रहे थे।

आँखें मूँदकर पहले कुत्ते ने जैसे स्वप्न में बोलना शुरू किया, कुत्ताराज में रहने का वाकई अलग ही मजा है। सोचो, कितनी आसानी से हम समन्दर के नीचे, धरती के ऊपर और आकाश में घूमते हैं। कुत्तों की सुविधा के लिए आविष्कारों पर हम अपना ध्यान ही नहीं, अपनी आँखें, अपने कान और नाक भी केन्द्रित करते हैं।

दूसरे कुत्ते ने कहा, कलाओं के प्रति हम अधिक संवेदनशील हो गए हैं। चन्द्रमा की ओर हम अपने पूर्वजों के मुकाबले अधिक लयबद्ध भौंकते हैं। पानी में अपनी परछाई हमें पहले के मुकाबले ज्यादा साफ दिखती है।

तीसरा कुत्ता बोला, इस कुत्ताराज की जो बात मुझे सबसे अधिक भाती है, वह यह कि कुत्तों के बीच बिना लड़ाई-झगड़ा किए, शान्तिपूर्वक अपनी बात कहने और दूसरे की बात सुनने की समझ बनी है।

उसी दौरान उन्होंने कुत्ता पकड़ने वालों को अपनी ओर लपकते देखा। तीनों कुत्ते उछले और गली में दौड़ गए। दौड़ते-दौड़ते तीसरा कुत्ता बोला, भगवान का नाम लो और किसी तरह अपनी जिन्दगी बचाओ। सभ्यता हमारे पीछे पड़ी है।

69

रचना

ईश्वर ने एक आत्मा को अपने-आप से निकाला और सुन्दरता में डाल दिया। उस पर उसने अपनी समूची करुणा और उत्कृष्टता उड़ेल दी। प्रसन्नता का प्याला पकड़ाते हुए उसने उससे कहा-इस प्याले को कभी पीना मत वरना तुम अपना अतीत और भविष्य सब-कुछ भूल जाओगी क्योंकि प्रसन्नता कुछ-और का नहीं, पल-विशेष का नाम है। उसने एक प्याला उसे दुःख का भी दिया और कहा-इस प्याले को पियो। इससे तुम्हें जीवन में आनन्द के पलों के अर्थ समझ में आएँगे क्योंकि दुःख सभी में व्याप्त है।

फिर ईश्वर ने उसको प्रेम दिया जो भौतिक संतुष्टि की पहली साँस के साथ ही हमेशा के लिए उसे लेकर डूब जाए। मृदुलता दी जो आत्म-प्रशंसा की पहली चाहत के साथ ही उसके साथ नष्ट हो सके।

सन्मार्ग पर अग्रसर करने के लिए उसे बुद्धि दी। अदृश्य को देखने के लिए एक आँख उसके हृदय की गहराई में लगाई। सभी के लिए उसमें आकर्षण और अच्छाई की रचना की। उसने इन्द्रधनुष के धागों से फरिश्तों द्वारा बुने कपड़े की बनी पोशाक उसे पहनाई। दुविधा के साये में उसने उसके मस्तिष्क की घड़ी, जो जीवन का उदय और विकास है, सेट कर दी।

क्रोध की भट्टी से भस्म कर डालने वाली आग, मोह के रेगिस्तान से अचेत कर डालने वाली हवा, स्वार्थ के तटों से धारदार रेत, इतिहास के तलवों से असभ्यता की मिट्टी लेकर ईश्वर ने मनुष्य को बनाया। उसने उसे असीम शक्ति दी जो उसको तबाही के पागलपन से भर दे और जो इच्छा पूरी होने से पहले उसे शांत न होने दे। फिर उसमें उसने जीवन भर दिया जो मौत की निगरानी में रहता है।

फिर ईश्वर हँसा और रोया। मनुष्य के लिए उसने असीम प्यार और दया महसूस की और अपने निर्देशों के तहत उसको रक्षित किया।

70

रेत पर इबारत

एक आदमी ने दूसरे से कहा, सागर में जबर्दस्त ज्वार के समय, बहुत समय पहले, अपनी छड़ी की नोक से रेत पर मैंने एक लाइन लिखी थी। लोग आज भी उसे पढ़ने को रुक जाते हैं और वे इस बात का ध्यान रखते हैं कि यह मिट न जाए।

दूसरा बोला, रेत पर एक लाइन मैंने भी लिखी थी। लेकिन वह भाटे का समय था। विशाल समुद्र की लहरों ने उसे मिटा दिया। अच्छा बताओ, तुमने क्या लिखा था?

जवाब में पहले ने कहा, मैंने लिखा था–अहं ब्रह्मास्मि / तुमने क्या लिखा था?

इस पर दूसरे ने कहा, मैंने लिखा था–मैं इस महासागर की एक बूँद से अधिक कुछ नहीं।

71

राजदण्ड

एक राजा ने अपनी पत्नी से कहा, मैडम, आप सही मायनों में रानी नहीं हैं। आप इतनी भोंडी और बदशक्ल हैं कि मेरी महारानी हो ही नहीं सकतीं।

बीवी बोली, महोदय, आप खुद को नवाब समझते हैं? वास्तविकता यह है कि आप निहायत गरीब आदमी है।

ये शब्द सुनकर राजा नाराज हो गया। उसने अपना सोने का राजदण्ड उठाया और मूठ की ओर से महारानी के माथे पर दे मारा।

उसी क्षण एकाएक प्रधानमंत्री अन्दर आ गया। वह बोला, वाह, वाह महाराज! इस राजदण्ड का डिजाइन राज्य के सबसे महान कलाकार ने तैयार किया था। खेद है! एक दिन आपको और महारानी को लोग भूल जाएँगे। लेकिन, कला की निशानी यह खूबसूरत राजदण्ड पीढ़ी-दर-पीढ़ी चलता रहेगा और अब, जब कि आपने महारानी के रक्त से इसे नहला दिया है, यह और भी अधिक उल्लेखनीय और यादगार बन गया है।

72

लेडी रूथ

तीन लोगों ने एक बार बहुत दूर से हरी-भरी पहाड़ी पर अकेले खड़े एक सफेद मकान को देखा। उनमें से एक बोला, वह लेडी रूथ का मकान है, जो एक चुड़ैल है।

दूसरा बोला, गलत। लेडी रूथ तो एक खूबसूरत महिला है जो वहाँ अपने सपनों को जीती है।

तीसरे आदमी ने कहा, तुम दोनों ही गलत हो। लेडी रूथ दूर तक फैली इस जमीन की मालकिन है। वह अपने गुलामों का खून खींचती है।

लेडी रूथ के बारे में बतियाते हुए वे चलते रहे।

एक चौराहे पर उन्हें एक बूढ़ा मिला। उनमें से एक ने उससे पूछा, क्या आप हमें लेडी रूथ के बारे में कुछ बताने की कृपा करेंगे जो पहाड़ के ऊपर बने उस मकान में रहती हैं?

बूढ़े ने अपना सिर ऊपर उठाया और उन पर मुस्कराया। बोला, इस समय मैं नब्बे साल का हूँ। मैं तब से लेडी रूथ के बारे में सुन रहा हूँ जब मैं एक लड़का ही था। लेडी रूथ को मरे अस्सी साल हो गए। घर अब खाली है। उसमें उल्लू बोलते हैं। लोग कहते हैं कि मकान में भूत रहते हैं।

73

लोक और काव्य

सदियों पहले, एथेंस की एक सड़क पर, दो कवि मिले। एक-दूसरे को देखकर वे बहुत खुश हुए।

पहले कवि ने दूसरे से पूछा, नया क्या कम्पोज किया है और तुम्हारा हारमोनियम कैसा है?

दूसरा कवि गर्वपूर्वक बोला, मैंने अपनी महान कविताओं की कम्पोजिंग पिछले दिनों ही पूरी की है। इतनी बेहतरीन कविता शायद ही अभी तक ग्रीक में लिखी गई हो। यह कविता महान जीसस से एक प्रार्थना है।

फिर उसने अपनी घड़ी के नीचे से एक परचा यह कहते हुए निकाला, लो, यह मेरे पास ही है। मैं इसे तुम्हें पढ़ने को दूँगा। आओ, चलकर सफेद साइप्रस के उस पेड़ के नीचे बैठते हैं।

वहाँ कवि ने अपनी लम्बी कविता पढ़ी।

दूसरे कवि ने सहृदयता से कहा, महानॉ कविता है। यह युगों तक जिन्दा रहेगी। इसके माध्यम से तुम्हारा नाम चमकता रहेगा।

पहला कवि शान्त स्वर में बोला और तुमने इन दिनों नया क्या रचा है?

दूसरा बोला, मैंने लिखी है, लेकिन बहुत छोटी चीज। बगीचे में खेलते एक बच्चे को चित्रित करते हुए केवल आठ लाइनें। यों कहकर उसने उन्हें गा दिया।

पहला बोला, उतनी बुरी नहीं है।

इसके बाद वे अपने-अपने रास्ते चले गए।

और आज, दो हजार साल बाद, दूसरे कवि की आठ लाइनें हर जुबान पर चढ़ी हुई हैं। सब उन्हें चाहते हैं, गुनगुनाते हैं।

और पहली कविता भी आज तक जिन्दा है लेकिन पुस्तकालयों में बन्द है। पढ़े-लिखों की अलमारियों में बन्द है। उसे याद किया जाता है, लेकिन न तो प्यार किया जाता है और न ही पढ़ा जाता है।

74

व्यवसाय-बुद्धि

पहाड़ियों के बीच एक आदमी रहता था। उसके मकान के बाहर एक मूर्ति थी जिसे किसी पुराने शिल्पकार ने बड़ी खूबसूरती से गढ़ा था। वह नीचे मुँह करके उसके दरवाजे पर पड़ी रहती थी। वह आदमी उसके बारे में कभी कुछ सोचता न था।

उसके घर के निकट से एक दिन एक नागरिक गुजरा। उसने मूर्ति को देखा और उस आदमी से उसे बेचने के बारे में पूछा। नागरिक की बात सुनकर वह हँसा और बोला, कमाल है, इस भद्दे और गंदे पत्थर को भी कोई खरीद सकता है?

नागरिक ने कहा, मैं चाँदी का यह सिक्का इसके बदले में आपको दे सकता हूँ।

आदमी उसकी बात सुनकर आश्चर्य से दमक उठा।

हाथी की पीठ पर लादकर मूर्ति को शहर ले जाया गया।

कुछ माह बाद पहाड़ियों में रहने वाले आदमी का शहर जाना हुआ। जब वह गलियों से गुजर रहा था, एक पंडाल के सामने उसने घनी भीड़ देखी। पंडाल के बाहर खड़ा एक आदमी ऊँची आवाज में पुकार रहा था–आइए, दुनियाभर में सबसे खूबसूरत, अचरजभरी मूर्ति का दर्शन

कीजिए। एक महान मूर्तिशिल्पी के इस महान कार्य को देखने का टिकट चाँदी के केवल दो सिक्के!

पहाड़ से आए आदमी ने भी चाँदी के दो सिक्कों में टिकट खरीदा। पंडाल के अन्दर गया। उसने देखा-वहाँ वही मूर्ति खड़ी थी जिसे उसने चाँदी के एक सिक्के में बेच डाला था।

75

वसंत बीतने से पहले

वसंत में एक शाख ने दूसरी से कहा, बड़ा ही बरबाद किस्म का दिन है।

दूसरी ने कहा, वाकई, बहुत बरबाद दिन है।

उसी पल, एक चिड़िया पहली शाख पर आ चहकी और एक दूसरी शाख पर।

पहली चिड़िया ने चहककर कहा, मेरा साथी मुझे छोड़ गया है।

दूसरी चिड़िया चिल्लाई, मेरी भी साथिन भाग गई है और वह लौटेगी भी नहीं। मेरी बला से।

दोनों ने चहकना और दोष मढ़ना शुरू कर दिया। फिर वे परस्पर मारपीट करने लगीं। उनके शोर से जंगल भर गया।

उसी समय दो अन्य चिड़ियाँ आकाश में उड़ती आईं। वे आराम से इन झगड़ती चिड़ियों के पास बैठ गईं। उनके आने से शान्ति छा गई। झगड़ा रुक गया।

फिर चारों दो जोड़ों के रूप में वहाँ से उड़ गईं।

तब पहली शाख ने दूसरी से कहा, आवाजों का कैसा जादूभरा मेल था।

दूसरी ने कहा, इसे तुम जो चाहो कहो। यह शान्तिपूर्ण और व्यापक दोनों है। अगर ऊपर वाला चाहे तो मुझे लगता है कि नीचे की दुनिया के लोग भी शान्ति चाहने लगते हैं। क्या तुम लहराकर मेरे नजदीक नहीं आ सकती?

पहली शाख ने कहा, हाँ-हाँ, शान्ति के लिए, इससे पहले कि वसंत बीत जाए।

और हवा का एक तेज झौंका आते ही वह दूसरी शाख से जा मिली।

76

विद्वान और कवि

साँप ने गाने वाली गौरय्या से कहा, हे पंछी, तू उड़ सकता है, लेकिन धरती की उस गुहा तक नहीं पहुँच सकता जहाँ जीवन का सार अपनी सम्पूर्णता में ध्यानस्थ है।

गौरय्या ने कहा, ए, तू कुछ ज्यादा ही जानता है! तू दूसरे ज्ञानियों से कहीं ज्यादा ज्ञानी है!! लेकिन दया आती है कि तू उड़ नहीं सकता।

और जैसेकि उसने कुछ सुना ही न हो, साँप बोला, तू धरती के नीचे के रहस्यों से अनजान है। दबे हुए साम्राज्यों तक तू कभी पहुँच ही नहीं सकती। अभी, कल ही की बात है, मैं लाल माणिकों की एक गुफा में लेटा हुआ था। बिल्कुल ऐसा लग रहा था जैसे मैं किसी पके हुए अनार के बीचों-बीच बैठा हूँ। सूरज की चमकती किरण ने उसे दहकते हुए शानदार गुलाब में बदल डाला। ऐसे आश्चर्य मेरे अलावा दूसरा कौन देख सकता है।

गौरय्या ने कहा, कोई नही, कोई नहींय लेकिन तू काल-परिवर्तन के टूटे टुकड़े ही देख सकता है। दया आती है कि तू गा नहीं सकता।

फिर साँप ने कहा, मैंने ऐसे पेड़ देखे हैं जिनकी जड़ें आधी धरती तक जाती हैं। एक बार जिसने उन जड़ों का स्वाद चख लिया, समझ लो सुकरात से भी ज्यादा तेज हो गया।

गौरय्या बोली, धरती पर विचारों के जादू का जैसा रहस्योद्‌घाटन तू कर सकता है, वैसा कोई दूसरा नही। लेकिन अफसोस, तुझमें उड़ान का गुण नहीं है।

एक पर्वत के नीचे उसके भीतरी हिस्से में एक जामुनी नदी बहती है। जिसने एक बार उसका पानी पिया, समझ लो देवताओं की तरह अमर हो गया। साँप ने कहा, मेरा दावा है–कोई चिड़िया या चौपाया उस जामुनी नदी को देख तक नहीं सकता।

गौरय्या ने कहा, तू चाहकर भी देवताओं की तरह अमर नहीं हो सकता क्योंकि मुझे अफसोस है कि तू गा नहीं सकता।

साँप बोला, मैं धरती में दबे एक मन्दिर के बारे में भी जानता हूँ। पूर्णिमा की रात को मैं वहाँ जाता हूँ। न भूल सकने वाली एक दानव-जाति ने उसे बनाया था। उसकी दीवारों पर काल और ब्रह्मांड के रहस्य खुदे हैं। जिसने उन्हें पढ़ लिया, समझ लो वह इतना समझदार हो जाता है कि सबकी समझ को पीछे छोड़ दे।

गौरय्या ने कहा, वास्तव में, इतना महत्वाकांक्षी होने के बावजूद भी अपने इस दुःखी शरीर को तू काल और ब्रह्मांड के रहस्यों से नहीं भर सकता, क्योंकि तू उड़ नहीं सकता।

साँप हताश हो गया। वह मुड़ा और यों बुदबुदाता हुआ अपने बिल में घुस गया-खाली दिमाग गवैया!

और गौरय्या ने यों गाते हुए उड़ान भरी-अफसोस है कि तू गा नहीं सकता। दया आती है तुझ पर अरे बुद्धिमान, कि तू उड़ नहीं सकता।

77

विधवा की लोरी

उत्तरी लेबनान पर रात्रि का अंधकार उतर आया था। कदीशा घाटी से घिरे गाँव बर्फ से ढँकने लगे थे। दूर-दूर तक फैला समतल मैदान भोजपत्र-सा नजर आने लगा जिस पर कुदरत अपने कर्म लिख रही थी। गलियों-बाजारों से चलकर लोग अपने-अपने घरों में जा घुसे थे। सब ओर सन्नाटा पसर गया था।

उन गाँवों के निकट एक अकेली झोपड़ी में एक औरत अँगीठी के सहारे बैठी ऊन कात रही थी। उसकी एक ओर उसका इकलौता बेटा बैठा था। वह कभी जलती हुई आग को देखता था, कभी अपनी माँ को।

तूफान की एक भयंकर गरज से झोंपड़ी हिल उठी। नन्हा बच्चा डर गया। वह अपनी माँ से आ लिपटा। उसने उसे उठाया और पुचकारने लगी। फिर उसने उसे अपनी गोद में बैठाया और बोली-डरो मत, मेरे बेटे। विधाता हम कमजोरों पर अपनी ताकत आजमा रहा है। गिरती हुई इस बर्फ से, काले-घने बादलों से और चिंघाड़ते इस तूफान से भी बड़ी एक और ताकत है। वही जानती है कि जिस दुनिया को उसने बनाया है, उसे किस चीज की जरूरत है। निरीहों पर वह करुणाजनक दृष्टि डालती है।

'हिम्मत से काम लो मेरे बच्चे। कुदरत वसंत के रूप में हँसती है, ग्रीष्म के रूप में मुस्कुराती है और पतझड़ के रूप में जम्हाई लेती है। लेकिन इस समय वह रो रही है। जमीन के अन्दर छिपे हुए अपने आँसुओं से वह धरती को जीवन प्रदान करती है।

सो जाओ मेरे प्यारे बेटे। तुम्हारे पापा स्वर्ग से हमें देख रहे हैं। बर्फ और तूफान ने इस समय हमें उनके बहुत करीब ला दिया है।

सो जाओ प्यारे। यह सफेद कम्बल हमें ठंडा करता है, लेकिन हमारे बीजों, हमारे हौसलों को गर्म रखता है। हमें डराने वाली ये चीजें ही आखिर सुन्दर फूलों का मौसम लेकर आएँगी।

मेरे बच्चे, मनुष्य दुरूख और जुदाई को झेले बिना प्रेम के मोल को नहीं समझता। सो जा मेरे लाल, मीठे सपने तेरी उस पवित्र आत्मा को जो इस अन्धकार और कोहरे से अछूती रहती है, तलाश लेंगे।

बच्चे ने उनींदी आँखों से माँ को देखा और बोला-माँ, मेरी पलकें भारी हो रही हैं। लेकिन लोरी सुने बिना मुझे नींद नहीं आएगी।

औरत ने उस फरिश्ते के चेहरे को देखा। उसने उसकी बंद होती हुई आँखों को देखा और कहा-मेरे साथ बोलो मेरे बच्चे-हे ईश्वर, गरीबों पर करुणा बरसाओ और ठंड से उन्हें बचाओ। अपने दयापूर्ण स्पर्श से उनकी काठ-सी देह को गर्मी दो। झोपड़ियों में सोते उन बेसहाराओं पर कृपा करो जो भूख और ठंड से मर रहे हैं। सुनो परमात्मा! उन बेसहारा विधवाओं की पुकार सुनो जो अपने बच्चे के जीवन के लिए डर रही हैं। अपने बंदों के कान हम गरीबों की पुकार सुनने के लिए खोल दो। उन बेचारों पर कृपा करो जो तुम्हारा दरवाजा खटखटा रहे हैं। तूफान में फँसे हुओं को सुरक्षित जगहों पर पहुँचाओ। नन्हें परिंदों की रक्षा करो। हमारे खेतों और पेड़ों को इस तूफान से बचाओ। तुम करुणा के सागर हो और प्रेम से लबालब हो।

जैसे ही नींद की देवी ने बच्चे को अपने आगोश में लिया, माँ ने उसे बिस्तर पर लिटा दिया। अपने काँपते होठों से उसने उसकी आँखों को चूमा और वापस अपनी पीढ़ी पर जा टिकी। अँगीठी के पास बैठकर वह पुनः अपने बच्चे के लिए ऊन कातने लगी।

78

विधि-विशेषज्ञ

सदियों पहले एक राजा था। वह बहुत बुद्धिमान था। उसने अपने अधीनों को अनुशासित रखने के लिए कुछ नियम बनाने की पहल की।

उसने राज्य के एक हजार कबीलों के एक हजार चतुर लोगों को नियम तैयार करने के लिए बुलाया।

सब काम पर लग गए।

जब एक हजार नियम भोजपत्रों पर लिख गए, तो उन्हें राजा के सामने पेश किया गया। राजा ने उन्हें पढ़ा। यह जानकर कि उसके राज्य में हजार तरह के अपराध हैं, उसकी आत्मा रो पड़ी।

फिर उसने अपने मुंशी को बुलाया। मुस्कराते हुए उसने नियम बोलने शुरू किए। उसकी ओर से लिखवाए गए नियम केवल सात थे।

एक हजार चतुर इस पर नाराज हो गए और अपने लिखे नियमों की प्रतियाँ लेकर कबीलों को वापस चले गए। हर कबीला अपने चतुर कबीलाई द्वारा तय नियमों के आधार पर ही चलता था। इसलिए आज की तारीख तक भी वे उन एक हजार नियमों पर ही चलते हैं।

यह एक महान देश है क्योंकि इसमें एक हजार जेलें हैं। सभी जेलें उन हजार नियमों को तोड़ने वाले स्त्री-पुरुषों से भरी पड़ी हैं।

यह बेशक एक महान देश है क्योंकि इसमें उन एक हजार नियम-निर्माताओं तथा सिर्फ एक बुद्धिमान राजा के वंशज रहते हैं।

79

स्त्री-दर्शन

बहुत ही खूबसूरत एक देहाती लड़की मेला देखने आई। उसका चेहरा गुलाब और लिली की रंगत लिए था। उसके बाल शाम के धुँधलके-जैसे काले थे। उसके होंठ उगते सूरज-से लाल थे।

ज्यों ही वह अनजान लड़की वहाँ पहुँची, नौजवानों ने उसे घेर लिया। कोई उसके साथ नाचना चाहता था तो कोई उसके सम्मान में केक काटने को उतावला था। वे सब-के-सब उसके गाल चूमने को पागल थे। आखिरकार, था तो वह मेला ही।

लड़की सहमी और भौंचक थी। नौजवानों के लिए उसके मन में घृणा भर गई थी। उसने उन्हें झिड़क दिया। उनमें से एक या दो को तो उसने झापड़ भी रसीद कर दिए। आखिरकार वह वहाँ से निकल भागी।

घर लौटते हुए वह अपने दिल में सोच रही थी-मुझे घिन आ रही है। ये लोग कितने असभ्य और जंगली हैं। यह सब बर्दाश्त से बाहर है।

इस घटना को एक साल बीत गया। वह पुनः उस मेले में आई। लिली-गुलाब, शाम का धुँधलका, उगता सूरज-सब वैसे-के-वैसे थे।

नौजवानों ने उसे देखा और दूसरी ओर को पलट पड़े। पूरे दिन वह अनछुई, अकेली घूमती रही।

शाम के समय, अपने घर की ओर लौटते हुए उसका हृदय चीख-चीखकर कह रहा था–मुझे घिन आ रही है। ये नौजवान कितने जंगली और असभ्य हैं। यह सब मेरी बर्दाश्त से बाहर है।

80

सूली चढ़ने पर

मैं लोगों पर चिल्लाया, मुझे सूली पर चढ़ाया जाना चाहिए।

उन्होंने कहा, तुम्हारे खून से हम अपने हाथ क्यों रँगें?

मैंने कहा, किसी पागल आदमी को इज्जत बख्शने के लिए तुम्हारे पास उसे सूली पर चढ़ा देने के अलावा दूसरा तरीका ही क्या है?

उनकी समझ में आ गया और मुझे सूली पर चढ़ा दिया गया। मुझे बड़ी शान्ति मिली।

और जब मुझे धरती और आकाश के बीच लटका दिया गया, मेरे दर्शन के लिए उन्होंने अपने सिर आकाश की ओर उठा दिए। उन्होंने स्वयं को सम्मानित समझा क्योंकि इससे पहले उनके सिर कभी भी ऊपर नहीं उठे थे।

लेकिन जब वे मेरी ओर देखते हुए खड़े थे, उनमें से एक चिल्लाया, तुम अपने किस पाप का प्रायश्चित करना चाहते हो?

दूसरा चिल्लाया, तुमने किसलिए अपनी बलि देने का निश्चय किया?

तीसरे ने कहा, लगता है–दुनियाभर का यश जीतने को तुमने यह कीमत चुकाई है?

इस पर चौथा बोला, देखो, वह कैसा मुस्करा रहा है! सूली पर चढ़ने की पीड़ा को इतनी जल्दी कोई कैसे भूल सकता है?

उन सबको उत्तर देते हुए मैंने कहा

सिर्फ यही याद रखो दोस्तो, कि मैं मुस्कराया। न मैंने अपने किसी पाप का प्रायश्चित किया है न अपनी बलि ही दी है और न ही मेरी यश कमाने की इच्छा है। मेरे पास भुला देने लायक भी कुछ नहीं है। मैं प्यासा था और खुद को अपना खून पिलाने के लिए मैंने आपको चुना। क्योंकि किसी पागल की प्यास बुझाने के लिए उसके अपने लहू से बेहतर दूसरी कोई चीज नहीं। मैं गूँगा था और खुद को आवाज दिलाने के लिए मैंने तुम्हें चुना। मैं तुम्हारे दिनों और रातों में कैद था। मैंने कहीं लम्बे दिनों और कहीं लम्बी रातों के दरवाजे अपने लिए खोल लिए हैं।

और अब मैं जाता हूँ क्योंकि सूली पर चढ़ाए गए बाकी-सब जा चुके हैं। हमें सूली पर चढ़ाए जाने से म्लान नहीं होना है क्योंकि इससे कहीं-बड़ी भीड़ द्वारा हमें इससे भी बड़ी धरती और इससे भी बड़े आकाश के बीच सूली पर लटकाया जाना है।

81

सागर-कन्याएँ

सूर्योदय (पूर्व) के समीपस्थ द्वीपों को सागर की गहनतम गहराई आवृत किये हैं। लम्बे सुनहले बालों वाली सागर-कन्याओं से घिरा एक युवक का मृत शरीर मोतियों पर पड़ा था। संगीतमय माधुर्य के साथ आपस में वार्तालाप करती हुई वे कन्याएँ अपनी नीलाभ पैनी दृष्टि से टकटकी लगाकर उस लाश को देख रही थीं। गहराइयों द्वारा सुने गये तथा लहरों द्वारा सागर-तट पर सम्प्रेषित यह वार्तालाप मन्द वायु द्वारा मुझ तक पहुँचा।

उन सागर-कन्याओं में से एक ने कहा, यह वही मानव है जिसका प्रवेश उस दिन हमारे सागर-संसार में हुआ था और उसके प्रवेश-काल में हमारी जलधि ज्वारोद्वेलित थी।

दूसरी बोली, जलधि ज्वारोद्वेलित नहीं थी। दृढ़तापूर्वक अपने को सुर-सन्तान कहनेवाला मानव लौह-युद्ध कर रहा था और इस लौह-युद्ध के फलस्वरूप उसका लहू इस हद तक प्रवाहित हुआ कि सागर के जल का रंग लोहित हो गया। यह व्यक्ति मानव-युद्ध का शिकार है।

पूर्ण साहस के साथ तीसरी ने कहा, युद्ध के विषय में मुझे कुछ नहीं मालूम, परन्तु मुझे इतना मालूम है कि भूमि को विजित करने के

बाद मानव की प्रवृत्ति आक्रामक हो गयी और अब वह सागर-विजय हेतु दृढ़प्रतिज्ञ है। अपने विलक्षण विषय-चिन्तन के कारण उसका सागर पर पहुँचना हुआ। उसकी इस लोलुपता से हमारे प्रचण्ड समुद्र-देवता वरुण कुपित हो गये। वरुण के क्रोध को शान्त करने के लिए (अर्थात् उन्हें प्रसन्न करने के लिए) मनुष्यों ने उन्हें उपहारों एवं वसिरानों का अहर्य देना प्रारम्भ कर दिया और हमारे बीच आज जो यह मृत-शरीर है, हमारे महान तथा उग्र वरुण देवता को मानव द्वारा समर्पित सद्यः उपहार है।

चौथी ने दृढ़तापूर्वक स्वीकारा, हमारे वरुण देवता कितने महान हैं, परन्तु उनका हृदय कितना कठोर है। मगर मैं सागर-सम्राज्ञी होती तो ऐसे उपहार को अस्वीकार कर देती... अब आओ, हम लोगों को इस भुगतान (बन्दी का उद्धार मूल्य) का परीक्षण करना चाहिए। हम लोग भी सम्भवतः अपने को मानव-वंश के सदृश प्रकाशित कर सकती हैं।

सागर-कन्याएँ मृतक युवक के निकट गयीं। उन्होंने उसकी जेबें तलाशीं और ऊपरी जेब में एक पत्र मिला। अपनी सहेलियों को सुनाती हुई एक सागर-कन्या ने पत्र को पढ़ा रू

मेरे प्रिय,

मध्य रात्रि का आगमन पुनः हुआ है, मेरे प्रवाहित आँसुओं के अतिरिक्त मुझ में धैर्य का सर्वथा अभाव है। युद्ध से रक्त-रंजित भूमि से तुम्हारी वापसी की जो मुझे आशा है, यही मेरी खुशी का कारण है। अपनी जुदाई के समय तुम्हारे व्यक्त शब्दोद्गार को मैं भूल नहीं सकता हूँ-प्रत्येक व्यक्ति को अपने आँसुओं का ही एक आलम्बन है जिसका प्रत्यर्पण किसी न किसी दिन अवश्य होता है।

मेरे प्रिय, मुझे नहीं मालूम कि मुझे क्या कहना चाहिए, परन्तु मुझे इसका ज्ञान है कि मेरी आत्मा इस चर्म-चीरक (शरीर) में स्वतः निस्सरण करती है... मेरी आत्मा विघटन से पीड़ित होते हुए भी, प्रेम से आश्वासित हुई है जो प्रेम-पीड़ा को आनन्द और क्लेश को सुख प्रदान करता है और यही प्रेम हमारे दो हृदयों को एकीभूत करता है। जब हम लोगों ने उस दिन का चिन्तन किया, जिस दिन सर्वशक्तिमान सर्वेश्वर के सशक्त वास

से हम दोनों के हृदय एकाकार हुए थे, तभी युद्ध की विकराल ज्वाला प्रज्वलित हुई और इस युद्ध-ज्वाला को और भी प्रज्वलित, नेताओं ने अपने वक्तव्य (भाषण) की आहुति देकर की और तुमने अपना कर्तव्य समझकर उस युद्ध का अनुगमन किया।

यह कैसा कर्तव्य है कि दो प्रेमियों को पृथक् करता है, स्त्रियों के अहिवात को वैधव्य में परिवर्तित कर देता है तथा बच्चों को यतीम बनाता है? यह कैसी देशभक्ति है कि युद्धों को उत्तेजित करती है और तुच्छ वस्तुओं की प्राप्ति के लिए राज्यों का विनाश करती है? यह कैसा कर्तव्य है कि आततायियों के यश हेतु निरीह व्यक्तियों को मरण-वरण हेतु आमन्त्रित करता है जिन निरीह व्यक्तियों पर न समर्थ और न वंशागत आभिजात्यों की कृपा-दृष्टि ही पड़ती है। अगर कर्तव्य राष्ट्रों की सन्धि को भंग करता है तथा देशभक्ति प्रजा को शान्तिमय जीवन में विघ्न डालती है, तब हम यह कहेंगे कि-कर्तव्य और देशभक्ति को शान्ति मिले।

नहीं, नहीं, मेरे प्रिय! मेरे शब्दों का खयाल मत करो! अपने देश के प्रति बहादुर और वफादार बनो... प्रेम में अन्धा बनकर तथा जादुई और एकाकीपन से विकसित होकर मेरी (कुमारी) बातों पर ध्यान मत दो. .. अगर मेरे इस जीवन में तुम्हें प्राप्त करने में प्रेम असमर्थ रहेगा, तब पुनर्जन्म में हम लोगों को प्रेम निश्चित रूप से प्राप्त होगा।

तुम्हारा सदैव

सागर-कन्याओं ने पत्र पढ़कर उसे उस मृतक युवक की जेबी में पुनः रख दिया। मौन-स्तब्ध होकर सव्यथा वे सभी कन्याएँ तैरती हुई उस स्थान से दूर चली गयीं और एकत्रित हुईं। उनमें से एक ने कहा, वरुण देवता के संगदिल से कहीं अधिक प्रस्तर मानव का हृदय है।

82

साम्राज्य

ईशान की महारानी प्रसव की स्थिति में थी। खबर के इंतजार में महाराज और उनके दरबार के उच्च अधिकारी विंग्ड बुल्स के बाहर साँस रोके खड़े थे।

शाम के समय अचानक एक संदेशवाहक हाँफता हुआ आया और साष्टांग प्रणाम करके बोला, मैं अपने महाराज के लिए, इस राज्य के लिए, महाराज के गुलामों के लिए अनमोल खुशखबरी लाया हूँ। महाराज के जन्मजात दुश्मन, हरामजादे मिहराब की मौत हो गई है।

राजा और उसके सभी अधिकारियों ने इस संदेश को सुना। वे उठे और खुशी से चिल्ला पड़े। अगर मिहराब और-अधिक जीवित रहता तो अवश्य ही इशान को जीत लेता और उन सबको बन्दी बना लेता।

उसी समय राज्य की मुख्य-चिकित्साधिकारी विंग्ड बुल्स में दाखिल हुई। उसके पीछे राजकीय नर्सें भी थीं। अभिवादनस्वरूप महाराज के सामने झुककर चिकित्साधिकारी बोली, मेरे स्वामी महाराज सदा जीते रहें। वे ईशान की अनगिनत पीढ़ियों पर राज करें। हे महाराज, आपको इस समय पुत्ररत्न की प्राप्ति हुई है जो आपका उत्तराधिकारी बनेगा।

राजा का हृदय आनन्द से भर उठा। यह ऐसा अभूतपूर्व क्षण था जब राज्य का जानी दुश्मन दुनिया से उठ गया था और उत्तराधिकारी दुनिया में आ गया था।

ईशान शहर में एक सच्चा संन्यासी रहता था। वह जवान था और वचन का पक्का था। उस रात राजा ने आदेश दिया कि संन्यासी को उसके सामने पेश किया जाय और जब उसे लाकर राजा के सामने पेश किया गया तब राजा ने उससे कहा, ध्यान लगाओ और बताओ कि आज पैदा होने वाले मेरे बेटे का भविष्य क्या है?

संन्यासी जरा भी नहीं हिचका और बोला, सुन राजा, मैं अवश्य ही ध्यान लगाकर तेरे आज उत्पन्न हुए बेटे का भविष्य बता दूँगा। तेरा दुश्मन मिहराब, जो कल शाम मरा था, उसकी आत्मा किसी शरीर की तलाश में हवा में तैरती रही और जिस शरीर में वह प्रविष्ट हुई है वह तेरे बेटे का है जिसने आज जन्म लिया है।

राजा उठा और अपनी तलवार से उसने संन्यासी का सिर उड़ा दिया।

उस दिन से आज तक ईशान शहर के बुजुर्ग चुपचाप एक-दूसरे से कहते हैं—तुम्हे नहीं मालूम! अरे, पुराने समय से ही क्या यह नहीं कहा जाता रहा है कि ईशान पर दुश्मन का कब्जा है!!

दोस्त! दूसरे ने उत्तर दिया, मेरी कमर में बँधी इस बेल्ट को देख रहे हो? इसमें सोने के वे सिक्के भरे हैं जिन्हें मैंने अपनी पत्नी और बच्चों के लिए पूरे साल काम करके कमाया है। इस बेल्ट में बँधे सोने के वजन ने मुझे उस पार से इस पार मेरी पत्नी और बच्चों के निकट पहुँचा दिया। मेरी पत्नी और मेरे बच्चे मेरे कन्धों पर लदे थे, उन्हीं के कारण मैं तैर पाया।

इसके बाद वे दोनों सालामिस की ओर बढ़ गए।

86

सोना-जागना

जिस शहर में मैं पैदा हुआ, उसमें एक औरत अपनी बेटी के साथ रहती थी। दोनों को नींद में चलने की बीमारी थी।

एक रात, जब पूरी दुनिया सन्नाटे के आगोश में पसरी पड़ी थी, औरत और उसकी बेटी ने नींद में चलना शुरू कर दिया। चलते-चलते वे दोनों कोहरे में लिपटे अपने बगीचे में जा मिलीं।

माँ ने बोलना शुरू किया, आखिरकार आखिरकार तू ही है मेरी दुश्मन! तू ही है जिसके कारण मेरी जवानी बरबाद हुई। मेरी जवानी को बर्बाद करके तू अब अपने-आप को सँवारती, इठलाती घूमती है। काश! मैंने पैदा होते ही तुझे मार दिया होता। इस पर बेटी बोली, अरी बूढ़ी और बदजात औरत! तू तू ही है जो मेरे और मेरी आजादी के बीच टाँग अड़ाए खड़ी है। तूने मेरी जिन्दगी को ऐसा कुआँ बना डाला है जिसमें तेरी ही कुण्ठाएँ गूँजती हैं। काश! मौत तुझे खा गई होती।

उसी क्षण मुर्गे ने बाँग दी। दोनों औरतें नींद से जाग गईं।

बेटी को सामने पाकर माँ ने लाड़ के साथ कहा, यह तुम हो मेरी प्यारी बच्ची?

हाँ माँ। बेटी ने मुस्कराकर जवाब दिया।

87

धोखा

पहाड़ की चोटी पर अच्छाई और बुराई की भेंट हुई। अच्छाई ने कहा, ''भैया, आज का दिन तुम्हारे लिए शुभ हो।''

बुराई ने कोई उत्तर नहीं दिया।

अच्छाई ने फिर कहा, ''क्या बात है, बहुत उखड़ीउखड़ी लगती हो!''

बुराई बोली, ''ठीक समझा तुमने, पिछले कई दिनों से लोग मुझे तुम पर भूलते हैं, तुम्हारे नाम से पुकारते हैं और इस तरह का व्यवहार करते हैं जैसे मैं 'मैं'नहीं 'तुम' हूँ। मुझे बुरा लगता है।''

अच्छाई ने कहा, ''मुझमें भी लोगों को तुम्हारा धोखा हुआ है। वे मुझे तुम्हारे नाम से पुकारने लगते हैं।''

यह सुनकर बुराई लोगों की मूर्खता को कोसती हुई वहाँ से चली गई।

44

महत्त्वाकांक्षी फूल

एक अतिसुन्दर, छोटा सा, सुगन्ध देनेवाला नीला फूल था, जो अन्य फूलों के बीच नम्रता से रहता था और उस एकान्त बगीचे में प्रसन्न हो झूमता रहता था। एक दिन प्रातरूकाल जब ओस की बूंदें उसकी पंखुडियों को सुशोभित कर रही थीं उसने अपना सिर ऊपर उठाया और इधर-उधर नजर दौड़ाई। उसने देखा कि एक सुन्दर गुलाब का फूल, गर्व से सिर उठाए, बड़ी ही शान से खड़ा है। ऐसा प्रतीत होता था, मानो आकाश में एक हरे रंग के हीरे की जलती हुई मशाल हो।

यह देखकर उस छोटे से फूल ने अपने नीले होंठों को खोला और कहा, इन फूलों में मैं सबसे अधिक अभागा हूं। इनके बीच मेरा कोई अस्तित्व ही नहीं है। प्रकृति ने मुझे छोटा और गरीब क्यों बनाया है? मैं पृथ्वी से ही लगा रहता हूं और अपना सिर नीले आकाश की ओर उठा नहीं सकता और न ही अपने चेहरे को गुलाब की भांति सूर्य की ओर मोड़ सकता हूं।

गुलाब के फूल ने उस छोटे फूल की यह बात सुन ली। यह सुन कर वह हंसने लगा और बोला, तुम्हारी बातें कितनी विचित्र हैं। तुम सौभाग्यशाली हो, किन्तु अपने सौभाग्य को समझ नहीं पाते। प्रकृति ने सुगंध और सुन्दरता दोनों ही चीजें दी हैं, जो बहुत कम लोगों का भाग्य

है। अपने इन विचारों को त्याग कर, जो मिला उसी में संतोष करो। याद रखो, जो छोटा बनकर रहता है वही ऊपर उठता है और, जो बड़ा बनने का प्रयत्न करता है या अपने को बड़ा समझ कर स्वयं पर गर्व करता है वह शीघ्र ही समाप्त हो जाता है।

छोटे फूल ने कहा, तुम मुझे इसलिए सांत्वना दे रहे हो, क्योंकि तुम्हारे पास वह सब है, जिसकी मैं आकांक्षा रखता हूं, तुम स्वयं को बड़ा प्रदर्शित कर मुझे चिढ़ा रहे हो। आह, एक भाग्यवान की नसीहतें एक अभागे के लिए कितनी कष्टदायक होती हैं। दुर्बल को परामर्श देते समय बलवान कितना कठोर बन जाता है।

प्रकृति ने भी उस नीले फूल और गुलाब के फूल की बातचीत सुनी। वह प्रकट होकर बोली, मेरे भाई छोटे फूल, तुम्हें क्या हो गया है? तुम, तो अपने विचारों और कार्यों में सदा ही नम्र और मधुर रहे हो। क्या लोभ ने तुम्हारे हृदय में घर कर लिया है और तुम्हारी बुद्धि को निर्बल बना दिया है?

तब नीले फूल ने गिड़गिड़ाते हुए कहा, हे वात्सल्यपूर्ण, करुणामयी मां, मैं तन-तन से प्रार्थना करता हूं कि कृपा कर मुझे एक दिन के लिए गुलाब बनने की आज्ञा प्रदान करो।

तब प्रकृति ने कहा, तुम नहीं जानते कि तुम क्या मांग रहे हो। इस अन्धी लालसा के पीछे, जो छिपी हुई विपत्ति है उससे तुम अनभिज्ञ हो। यदि तुम गुलाब बन जाओगे, तो तुम्हें अफसोस होगा और पश्चाताप के अतिरिक्त तुम्हें कुछ भी नहीं प्राप्त होगा।

नीले फूल ने जिद की, मुझे भी एक ऊंचा गुलाब का फूल बना दो, क्योंकि मैं भी गर्व से अपना सिर ऊपर उठाना चाहता हूं।

तब प्रकृति ने यह कहते हुए आज्ञा दे दी, ऐ अज्ञानी और विद्रोही छोटे फूल, मैं तुम्हारी प्रार्थना स्वीकार करती हूं, परंतु यदि उससे तुम पर कोई विपत्ति टूट पड़े, तो फिर तुम मुझसे शिकायत मत करना।

और प्रकृति ने अपनी रहस्यपूर्ण जादू की उंगलियों को फैलाया और नीले फूल की जड़ों को छू दिया। तुरंत ही वह बड़े आकार में बदल गया और बगीचे के सभी पुष्पों से ऊंचा उठ गया।

अचानक गहरे काले बादल आकाश में घिर आए और हवा ने क्रुद्ध आन्धी का रूप ले लिया और सारे वायुमंडल की शांति को छिन्न-भिन्न कर दिया। प्रचण्ड तूफान और मूसलाधार वर्षा ने अचानक उस बगीचे पर धावा बोल दिया। तूफान ने धरती से सटे छोटे-छोटे पौधों को छोड़कर अन्य सभी पौधों को जड़ से उखाड़ फेंका, शाखाओं को तोड़ दिया और ऊंचे पुष्पों के तनों को चीर दिया। इस तूफान से उस एकान्त बगीचे की बहुत ही हानि हुई।

तूफान शांत हुआ और आकाश साफ हो गया। छोटे नीले फूलों के परिवार को छोड़कर, जो तूफान में धरती के सीने से चिपट गए थे और बिना किसी हानि के सुरक्षित थे, सभी फूल धवस्त पड़े थे।

पेड़- पौधों की यह दुर्दशा देखकर, नीले फूलों में से एक ने कहा, देखो, तो तूफान ने अभिमानी पुष्पों का क्या हाल कर दिया है।

दूसरा नीला पुष्प बोला, हम छोटे हैं और पृथ्वी के समीप रहते हैं, परंतु हम दैवी क्रोध से सुरक्षित हैं।

तीसरा बोला, तूफान हम पर अधिकार पाने में असमर्थ है, क्योंकि हम कद में छोटे है।

इसी समय नीले पुष्पों की रानी ने अपने बगल में पड़े उस बड़े से नीले फूल को छिन्न-भिन्न अवस्था में देखा और कहा, देखो मेरे बच्चों लालच ने उस छोटे नीले फूल की क्या दुर्गति बनाई है, जो केवल एक घंटे के लिए ही अभिमानी बड़ा फूल बन सका था। इस दृश्य को अपने सौभाग्य के लिए सदा स्मरण रखो।

यह सुनकर उस मृतप्राय बड़े फूल में हरकत हुई और वह अपनी बची-खुची शक्ति को बटोरकर शांत भाव से बोला, तुम सब आत्मसंतुष्ट और निराहंकारी मूर्ख हो। मुझे कभी तूफान से भय नहीं लगा। कल तक मैं भी संतोषी था और अपने जीवन से संतुष्ट था, परंतु वह आत्मसंतोष ही मेरे अस्तित्व और जीवन की उन्नति के बीच दीवार बना हुआ था। वही मुझे दुर्बल, आलसी, शांत तथा मस्तिष्क को धैर्यवान बनाए हुए था। भय से पृथ्वी पर चिपटे रहकर मैं भी ऐसे ही जीवन व्यतीत कर सकता था, जैसा तुम अब बिता रहे हो। मैं भी तुम्हारी तरह शीत की प्रतीक्षा कर सकता था कि वह मुझे बर्फ के कफन से ढक दे और मृत्यु को सौंप दे,

जैसा कि अभी छोटे फूलों के साथ होता है, किन्तु मैं अब प्रसन्न हूं क्योंकि मैंने अपने हीन संसार के बाहर विश्व की रहस्यों को पहचान लिया है। यह एक ऐसा कार्य है, जो तुमने कभी नहीं किया।

मैं अपने मन में आए लालच की उपेक्षा कर सकता था, परंतु मैंने रात्रि की नीरवता में लौकिक और पारलौकिक तत्वों को आपस में बातचीत करते सुना कि सत्ता के पार की आकांक्षाएं ही हमारे अस्तित्व का प्रधान उद्देश्य हैं। उसी समय मेरी आत्मा ने विद्रोह किया और मेरे हृदय में अपनी सीमित सत्ता से ऊंचा स्थान प्राप्त करने की लालसा उत्पन्न हुई। मैंने अनुभव किया कि तारों के गीत पाताल नहीं सुन सकता। तभी मैंने अपनी हीनता के विरुद्ध युद्ध आरंभ किया। उसकी आकांक्षा करने लगा, जो मेरा नहीं था यहां तक कि मेरी विद्रोही भावना एक शक्ति के रूप में परिणत हो गई मेरी लालसा ने मेरी आकांक्षा का रूप ले लिया। प्रकृति, जो हमारे गंभीर स्वप्नों का प्रधान विषय है और हमारी इच्छाओं को पूर्ण करती है, उसने मेरी प्रार्थना स्वीकार की और मुझे अपनी जादू की उंगलियों द्वारा एक बड़े फूल में परिवर्तित कर दिया।

यह कहकर वह बड़ा फूल चुप हो गया और फिर अभिमान और सफलता मिश्रित श्रीण स्वर में बोला, मैं कुछ देर तक एक भव्य शानदार फूल की तरह रहा हूं। कुछ देर के लिए मेरी सत्ता एक सम्राट के समान रही है। मैंने विश्व को गुलाब की दृष्टि से देखा है। मैंने नभ-मंडल की कानाफूसी गुलाब के कानों से सुनी है और प्रकाश की तहों को गुलाब की पंखुडियों से सुना है। क्या कोई है जिसने ऐसा सम्मान प्राप्त किया हो?१

यह कहकर उसने अपना सिर झुका लिया और दम तोड़ती हुई आवाज में हांफते-हांफते बोला, मैं अब चौन से मर सकता हूं, क्योंकि मैंने अपने उद्देश्य की प्राप्ति कर ली है। मैंने अपने ज्ञान को अपनी जन्म-जन्म की संकीर्णता के बाहर विश्व में विस्तृत कर दिया है। यही जीवन के अस्तित्व का रहस्य है। तब गुलाब फडफड़ाने लगा, धीरे-धीरे उसकी पंखुडियां सिमटने लगीं और होंठों पर एक स्वर्गीय मुस्कान के साथ उसने जीवन की अंतिम सांस ली।

89

विचार

मित्रता हमेशा एक मधुर जिम्मेदारी है, अवसर कभी नहीं।

***

ज्ञान ज्ञान नहीं रह जाता जब वह इतना अभिमानी हो जाए कि रो भी ना सके, इतना गंभीर हो जाए कि हंस भी ना सके और इतना स्वार्थी हो जाये कि अपने सिवा किसी और का अनुसरण ना कर सके।

***

एक दोस्त जो बहुत दूर है वो कभी कभी करीब रहने वालों से अधिक नजदीक होता है। क्या पहाड़, वहां रहने वालों की अपेक्षा घाटी से गुजरने वालों को कहीं अधिक प्रेरणादायी और स्पष्ठ नहीं दिखता?

***

जो शिक्षक वास्तव में बुद्धिमान है वो आपको अपने ज्ञान प्रकोष्ठ में प्रवेश करने का आदेश नहीं देता बल्कि वो आपको आपके बुद्धि की पराकाष्ठा तक ले जाता है।

***

मैं तुमसे प्रेम करता हूँ जब तुम अपने मस्जिद में झुकते हो, अपने मंदिर में घुटने टेकते हो, अपने गिरजाघर में प्रार्थना करते हो। क्योंकि तुम और मैं एक ही धर्म की संतान हैं और यही भावना है।

***

और क्या कभी यह जाना गया है कि प्रेम स्वयं अपनी गहराई जानता है जब तक कि बिछड़ने का वक्त ना आये ?

***

मैंने बतूनियों से शांत रहना सीखा है, असहिष्णु व्यक्तियों से सहनशीलता सीखी है, निर्दयी व्यक्तियों से दयालुता सीखी है या पर फिर भी कितना अजीब है कि मैं उन शिक्षकों का आभारी नहीं हूँ।

***

दोस्ती की मिठास में हास्य और खुशियों का बांटना होना चाहिए। क्योंकि छोटी -छोटी चीजों की ओस में दिल अपनी सुबह खोज लेता है और तरोताजा हो जाता है।

***

जाहिर वो है जो तब तक नहीं पता चलता जब तक कि कोई उसे सरलता से व्यक्त नहीं कर देता।

***

अगर मेरा अस्तित्व किसी के नष्ट होने का कारण बनता है तो मौत मुझे अधिक आकर्षक और प्रिय होगी।

***

आप कैसे जीते हैं ये जिन्दगी आपको क्या देती है इससे अधिक आप अपनी जिन्दगी को क्या नजरिया देते हैं इसपर निर्भर करता है य जितना आपकी जिन्दगी में क्या हुआ इससे अधिक जो हुआ उसे आप कैसे देखते हैं इस पर निर्भर करता है।

***

आस्था एक अन्तरंग ज्ञान है, प्रमाण से परे।

***

आपके बच्चे आपके बच्चे नहीं हैं। वे जीवन की खुद के प्रति लालसा के पुत्र-पुत्रियाँ हैं। वे आपके द्वारा आये पर आपसे नहीं आये और हालांकि वो आपके साथ हैं पर फिर भी आपके नहीं हैं।

***

काम प्रेम की अभिव्यक्ति है और यदि आप प्रेम से नहीं सिर्फ बेमन से काम कर सकते हैं तो बेहतर होगा कि आप अपना काम छोड़ दें और मंदिर के गेट पर बैठ कर उनसे भीख लें जो खुशी से काम करते हैं।

***

थोडा ज्ञान जो प्रयोग में लाया जाए वो बहुत सारा ज्ञान जो बेकार पड़ा है उससे कहीं अधिक मूल्यवान है।

***

यदि आप किसी से प्रेम करते हैं तो उसे जाने दें, क्योंकि यदि वो लौटते हैं तो वो हमेशा से आपके थे और यदि नहीं लौटते हैं तो कभी आपके नहीं थे।

***

काव्य शब्दकोश के छीटों के साथ खुशी, दर्द और आश्चर्य का सौदा है।

***

प्रेम और संदेह में कभी बात-चीत नहीं रही है।

***

मुझे उस ज्ञान से दूर रखो जो रोता न हो, उस दर्शन से दूर रखो जो हँसता न हो और उस महानता से दूर रखो जो बच्चों के सामने सर न झुकाता हो।